Erica Fischer/Brigitte Lehmann/
Kathleen Stoffl

Gewalt gegen Frauen

Kiepenheuer & Witsch

© 1977 by Verlag Kiepenheuer & Witsch Köln
Gesamtherstellung Clausen & Bosse Leck
Schutzumschlag Hannes Jähn
Printed in Germany 1977
ISBN 3 462 01188 X

Die Autorinnen

Erica Fischer (rechts), geb. 1943, Beruf: Übersetzerin. Regelmäßige Mitarbeiterin für die österreichische feministische Frauenzeitschrift »AUF« – herausgegeben von der Aktion Unabhängiger Frauen (AUF), Wien.

Brigitte Lehmann (Mitte), geb. 1949, Sozialwissenschaftlerin, arbeitet derzeit an einer Studie über das politische Bewußtsein der Frau in Österreich.

Kathleen Stoffl (links), geb. 1945, Assistentin am Institut für Soziologie der Universität Wien. Regelmäßige Mitarbeiterin für die Zeitschrift »AUF«. Arbeitet derzeit an einer Studie über das politische Bewußtsein der Frau in Österreich.

Allmählich, wie aus einem langen Traum erwacht, beginnen die Frauen, ihre Lage zu erkennen. Die Frauenbewegung hat für das Wahlrecht gekämpft, für das Recht, Universitäten zu besuchen, für das Recht auf Arbeit, für Arbeitsschutz für Schwangere, für gleichen Lohn für gleiche Arbeit, für das Recht auf Abtreibung, für die Beseitigung des Zwangs zur Hausarbeit. Doch unsere Unterdrückung und Diskriminierung am Arbeitsplatz, in der Ausbildung, in der Familie ist aufgebaut auf einem massiven Untergrund von offener Gewalt oder Gewaltandrohung. Den der Neuen Frauenbewegung eigenen Organisations- und Kommunikationsformen ist es zu verdanken, daß diese versteckte Gewalt endlich aus dem Bereich des Privaten herausgehoben und öffentlich diskutiert wurde.

Ein erster Versuch einer Darstellung dieser Gewalt gegen Frauen auf internationaler Ebene war das Frauentribunal »Gewalt gegen Frauen«, das im März 1976 in Brüssel stattfand. Ziel des Tribunals war es, an Hand von persönlichen Zeugenaussagen direkt betroffener Frauen die sexistische Gewalt aufzuzeigen, die in allen gesellschaftlichen Bereichen und allen patriarchalischen Kulturen gegen Frauen verübt wird. Als Gewalt wurde nicht nur die direkte physische Gewaltanwendung verstanden, sondern jede Form der Diskriminierung, die letztlich durch permanente Gewaltandrohung aufrecht erhalten werden kann.

Das Tribunal war ein durchschlagender Erfolg. Etwa 1500 Frauen aus mehr als 30 Ländern nahmen daran teil. Beim Tribunal nahm die internationale Frauensolidarität konkrete Form an. Viele Gemeinsamkeiten wurden trotz aller Verschiedenheit entdeckt, neue Kontakte angeknüpft, Anregungen für die Weiterarbeit gegeben. Wir begannen zu ahnen, welche ungeheure Kraft in der Internationalität der Frauenbewegung liegt.

Ausgehend von Zeugenaussagen der Frauen beim Tribunal haben wir versucht, die Angelpunkte der Gewalt gegen Frauen – Frauenmißhandlung, Vergewaltigung, Gynäkologie – zu beschreiben und in einen gesellschaftlichen Rahmen zu stellen.

Wien, November 1976   Brigitte, Erica, Kathleen

Inhalt

Vorwort

In der Politik, im Straßenverkehr, in den Medien werden wir ohne Unterlaß mit offener, mörderischer Gewalt konfrontiert. Dennoch ist die öffentliche Behandlung des Themas Gewalt in unserer Gesellschaft tabuisiert. Erst recht Gewalt gegen Frauen. Sie hat etwas Anrüchiges. Da diese Gewalt oft mit der Sexualität der Frau und den weiblichen Reproduktionsfunktionen zu tun hat, unterliegt sie ähnlichen Tabus wie Sexualität. Da der Glaube an die Ideologie der Kleinfamilie als Hort von Frieden, Liebe und Geborgenheit zur Aufrechterhaltung und Weiterführung des kapitalistisch-patriarchalischen Staates nicht gebrochen werden darf, muß ein Großteil von Gewalt gegen Frauen – die in der Familie stattfindet – verschwiegen und geleugnet werden. Diese Tabuisierung und Verdrängung ist Teil der versteckten Gewalt gegen Frauen, gehört zur Gewalt der Verhältnisse, die so selbstverständlich ist, daß sie kaum bewußt wird.

Fälle von Gewalt gegen Frauen werden als Ausnahmeerscheinungen dargestellt. Zwar kann die Familie geradezu als Brutstätte der Gewalt bezeichnet werden – Ehefrauen und Kinder werden dort mißhandelt; mehr als die Hälfte der Vergewaltigungen finden im Bekannten- und Verwandtenkreis statt; nirgendwo werden so viele Frauen zusammengeschlagen und ermordet wie in der Privatheit der Kleinfamilie –, dennoch wird die Gewalt auf Minderheiten projiziert, auf Kriminelle, Abartige, Perverse.

Jede Frau ist tagtäglich mit offener oder versteckter Gewalt oder Gewaltandrohung konfrontiert. Statistiken und Untersuchungen zeigen, daß nur die Spitze des Eisbergs an Gewalt sichtbar ist. Gewalt findet sich in den alltäglichen Beziehungen, die auf Einschüchterung beruhen und die uns Frauen in Fleisch und Blut übergegangen ist. Die materielle Abhängigkeit von Männern, ihre sexuelle Domestizierung und Erziehung zu natürlichen Opfern halten sie bei der Stange. Wir sind so daran gewöhnt, daß wir es überhaupt nicht merken. Gewalt gegen Frauen gilt als »normal«. Frauen befinden sich in einem permanenten Kriegszustand. Wird das Vorhandensein von Gewalt gegen Frauen einmal bewußt, wird ihr überall, in allen gesellschaftlichen Bereichen begegnet.

Diese Gewalt ist nicht natürlich, nicht biologisches Schicksal der Männer, sondern sozial erlernt und eingeübt. Sie ist abgestützt durch die »strukturelle Gewalt«, durch gesellschaftliche Institutionen, die ihre Herrschaft über den Einzelnen auf Grund von Macht ausüben, allen voran die Familie. Macht kann nur durch implizite Gewaltandrohung aufrechterhalten werden. Wird der von den Herrschenden duldbare Handlungsspielraum des Einzelnen durchbrochen, wird offene physische Gewalt als letztes Machtmittel herangezogen. Die subtileren Formen der Machtausübung kommen allerdings ohne offene Gewalt aus. Die kulturellen Normen und die patriarchalische Mythenbildung – die »symbolische Gewalt« – gewährleisten, daß die Frauen auch ohne Anwendung von roher Gewalt ihre gesellschaftliche Funktion übernehmen. Je weniger zu offener Gewalt gegriffen werden muß, desto stabiler ist das Gesellschaftssystem, desto größer die tatsächliche Macht. Dennoch besteht immer ein Zusammenhang zwischen roher Gewalt und den subtileren Formen rechtlicher, wirtschaftlicher und sozialer Gewalt.

Gewalt gegen Frauen hat es in allen patriarchalischen Kulturen gegeben: sie ist zu einer Selbstverständlichkeit geworden. Die direkte, unverhohlene Gewalt gegen Frauen, wie sie in außereuropäischen Ländern gesellschaftlich und rechtlich verankert ist, ist in Europa und den USA aus den Gesetzen und offiziellen kulturellen Normen verschwunden. Doch die Gewalt lebt fort als Gewohnheitsrecht, im »Untergrund«. Dieser Untergrund an Gewalt ist allgegenwärtig: in der Ästhetisierung von Gewalt gegen Frauen in Medien, Werbung und Unterhaltungsindustrie, auch in der Mode. Sie ist jeder Frau bekannt: ihre Angst auf nächtlicher Straße, ihre Vorsicht bei der Wahl ihrer Worte, Blicke und Kleider, das Unterlassen gewisser Handlungen, die für Männer selbstverständlich sind, sind Ausdruck dieser Gewalt.

Die individuelle physische Gewalt der Männer ist notwendig zur Bestärkung ihrer Vormachtstellung. Je mehr die formellen Schranken für Frauen wegfallen, desto stärker entwickelt sich das Bewußtsein für die Widersprüche zwischen formalen und den tatsächlichen Möglichkeiten, die Frauen haben; und es entsteht passiver und aktiver Widerstand. Im gleichen Maß setzen stärkere informelle Repression und Gewalt der bisher Privilegierten ein. Wo Frauen beginnen, ihre Rolle in Frage zu stellen, greifen Männer zum letzten Mittel, um ihre Frauen zu Hausarbeit und Unterordnung zu zwingen. Wo Frauen beginnen, sich wie freie

Menschen zu verhalten, wird die ständige Vergewaltigungsdrohung mehr und mehr wahrgemacht. In den letzten Jahren kann ein Ansteigen von Gewaltdelikten gegen Frauen in den Ländern beobachtet werden, wo es mehr formale Rechte und effektive Gleichberechtigung gibt. Es scheint, daß die informelle Gewalt zunimmt, je mehr formale und soziale Rechte sich die Frauen erkämpfen. Diese Gewalt ist als Strafmaßnahme für ungebührliche Freiheiten, vor allem aber als Rückzugsgefecht des Patriarchats zu verstehen.

Das Vorhandensein einseitiger offener Gewalt ist Ausdruck von Machtgefälle. Die Ungleichheit und Ungerechtigkeit im gesellschaftlichen System wird aufrechterhalten durch die Gewalt der Institutionen, die Gewalt der kulturellen Normen und als Machtdemonstration und zur Einschüchterung Brachialgewalt. Es ist notwendig, vorerst einmal zusammenhängend die unterschwelligen Gewaltstrukturen ans Tageslicht zu bringen, um überhaupt erkennen und darstellen zu können, unter welchen Bedingungen Frauen eigentlich leben. Mit den vorhandenen sozialwissenschaftlichen Methoden ist vorderhand Gewalt gegen Frauen kaum faßbar. In sämtlichen Analysen zum Thema Gewalt wird die Gewalt gegen Frauen nur am Rande erwähnt, ohne wirklich als bestimmender Bestandteil von Gewaltstrukturen erfaßt worden zu sein. Vorerst enthalten deshalb Einzelaussagen von Frauen ungeheuer viel Neues. Der Erkenntniswert von Fallstudien ist wesentlich größer als derjenige der (zumindest vorwiegend) sexistischen sozialwissenschaftlichen Untersuchungen zum Thema Gewalt gegen Frauen. An Hand der drei Eckpfeiler der Gewalt gegen Frauen – Frauenmißhandlung in der Familie, Vergewaltigung und Vergewaltigungsdrohung und Gynäkologie – versuchen wir, vorerst einmal zu zeigen, daß scheinbar vereinzelte Gewaltakte in der gesellschaftlichen Struktur angelegt sind und deshalb bekämpft werden können und müssen.

Die erstarkende Neue Frauenbewegung hat Gewalt gegen Frauen aus der Intimsphäre herausgehoben und zu einem öffentlich diskutierten Thema gemacht. In dem Maße, in dem die verschiedenen Schichten der Gewalt aufgedeckt werden, erkennen wir, daß der Kampf der Frauen gegen die sexistische Gewalt den Kampf gegen *alle* Gewalt miteinschließen muß.

Gewalt in der Familie

»Gewalttätigkeit auf offener Straße – Raubüberfälle und andere Angriffe auf Leib und Leben friedlicher Bürger – wird als Schwerverbrechen geahndet. Normalerweise erhalten die Täter eine Haftstrafe von zehn bis fünfzehn Jahren wegen schwerer Körperverletzung. Die Opfer erhalten volle Unterstützung seitens der Polizeibehörden. Alle Welt beklagt die Zunahme derartiger Gewaltdelikte.
Wird dasselbe Verbrechen aber hinter der eigenen Wohnungstür begangen, kümmert sich kein Mensch darum.«[1]
Mit diesen Worten leitet Erin Pizzey das Kapitel »Des Mannes Heim ist seine Festung« ihres Buches *Schrei leise* ein. Sie trifft damit genau ins Schwarze. In der Familie wird das Maß an Gewalt gelernt, das für ein Überleben in unserem Gesellschaftssystem für erforderlich angesehen wird. Durch die Unterdrückung seiner Sexualität, Belohnung und Liebesentzug, das Vorbild der Eltern und ständige Gewaltandrohung lernt das Kind die Werte unserer Gesellschaft kennen und die Spielregeln beachten: Eigentum, Hierarchie, Macht, Konkurrenz, Leistung und Vorherrschaft des Mannes. Überschreitet ein Mensch (Mann) das ihm normalerweise zugestandene Maß an Gewalt, wird es zum Delikt und strafbar. Innerhalb der Familie herrscht ein größerer Spielraum als außerhalb. Kindes- und Frauenmißhandlung sind zwar vom Gesetz her verboten und strafbar, gleichzeitig aber abgestützt durch Institutionen wie Schule, Sozialbehörden, Polizei und Justiz, die als Vertreter und Aufrechterhalter dieses Systems Gewaltanwendung bis zu einem gewissen Grad tolerieren. Das gilt insbesondere für die Familie, für die sie sich nur beschränkt zuständig erklären. Als kleinste Zelle der Gesellschaft widerspiegelt die Familie einerseits die Hierarchie- und Machtverhältnisse der Gesamtgesellschaft, andererseits verschließt sie sich durch ihre als »privat« definierte Funktion dem öffentlichen Zugriff.

Beim Brüsseler Tribunal riefen die Berichte der mißhandelten Frauen aus Großbritannien besondere Bestürzung unter den Frauen hervor. Wir hatten zwar gewußt, daß es so etwas wie Gewalt in der Familie gibt, denn in letzter Zeit haben immer mehr Berichte über das Schlagen und die Vergewaltigung von Frauen durch ihre Ehemänner auch in die bürgerlichen Massenmedien Eingang gefunden. Doch nach wie vor löst die Konfrontation mit dieser Tatsache Erstaunen und Verwirrung aus. Denn noch sitzt uns die verlogene Liebesideologie in den Knochen. Die Familie ist zwar in den letzten Jahrzehnten als Institution zur Festigung der kapitalistischen Herrschaft beschrieben und analysiert worden, doch auch bei diesen Autoren galt offensichtlich die Gewalt gegen Frauen einerseits als selbstverständlich, andererseits als unerheblich. Es bedurfte erst der Neuen Frauenbewegung und der ihr eigenen Organisationsform – der enge Kontakt zwischen den Frauen, die sich miteinander über ihr »Privatleben« verständigen –, um den ideologischen Schleier zu lüften, der gewalttätige Auseinandersetzungen zwischen Eheleuten als harmloses Gezänk abtut, ohne das keine gute Ehe bestehen kann. Welche Ausmaße diese Gewalttätigkeiten hinter verschlossenen Türen wirklich annehmen, können wir bisher nur schätzen. Die BILD-Zeitung nannte im Dezember 1975 die Zahl von 4 Millionen Frauen, die jährlich in der BRD vom eigenen Mann mißhandelt werden (sogenannte »leichte Schlägereien« nicht mitgezählt). Das hieße: mindestens jede dritte Ehefrau wird in der BRD vom eigenen Mann mißhandelt. »Auffallend ist daran, daß immer häufiger Akademiker und sogenannte gebildete Männer ihre Frauen schlagen. Häufig ist Alkohol Auslöser für diese Mißhandlungen. Dazu der Familienbericht der Regierung: In knapp der Hälfte der bundesdeutschen Familien (10 Millionen) gibt es einmal im Monat Krach, und in 5 Millionen Familien endet er mit einer Prügelei. Am Wochenende ist es am schlimmsten« . . . »Jede 5. Frau in der BRD wird zum Sex gezwungen, jede 3. Frau von ihrem eigenen Mann vergewaltigt – am häufigsten in Bayern.«[2]

Doch nicht in der Bundesrepublik wurde über solche Vorfälle zum ersten Mal öffentlich diskutiert, sondern in Großbritannien, dessen Bürger das Image vornehmer Zurückhaltung genießen. Schon 1973 hatte es die dortige Frauenbewegung so weit gebracht, daß sich ein Unterhausabgeordneter, J. Ashley, in einer Parlamentsrede mit diesem Problem befassen mußte.

Statistiken zur Frauenmißhandlung sind in allen Ländern schwer zu erstellen. Der Familienideologie entsprechend sehen die Frauen es als ihre Aufgabe an, den Familienfrieden zu wahren. Hängt der »Haussegen schief«, dann haben sie als Ehefrau und Mutter versagt. Dieses Versagen trachten sie so lange wie möglich zu verbergen, indem sie nichts davon nach außen dringen lassen und oft auch noch den Mann in Schutz nehmen. Deshalb ist es ein großes Verdienst der Frauenbewegung, diese private Frage öffentlich gemacht zu haben und den betroffenen Frauen so die Angst genommen zu haben, sie seien die einzigen. Die ersten Fernsehinterviews in England mit Frauen, die es wagten, vor Millionen Zuschauern über ihr Leben als mißhandelte Ehefrauen zu erzählen, stießen auf ein starkes Echo im ganzen Land. Heute kommen die Sozialbehörden und die Regierung nicht umhin, diese Problematik anzuerkennen. Ein Beweis mehr, daß nicht Statistiken, sondern die konkrete Beschreibung des Leids der Einzelnen von vordringlicher Bedeutung sind. Und das läßt sich auch ohne Statistiken vermitteln.

Die Geschichte von Frau Williamson, einer Arbeiterin aus Schottland, die am Brüsseler Tribunal aussagte, kann deshalb als exemplarisch für unzählige geschlagene Frauen gelten. Heute hat sie das Ärgste hinter sich gebracht. Sie ist ein aktives Mitglied der Edinburgher Frauenhilfsorganisation (Women's Aid), die in Edinburgh schon drei Zufluchtstätten für mißhandelte Frauen und ihre Kinder eröffnet hat (in der BRD »Frauenhäuser« genannt). Jetzt hilft sie, mit dem Vorverständnis, das nur jemand haben kann, der selbst eine solche Situation durchlebt hat, anderen Frauen, sich von ihren Männern zu lösen und ein neues angstfreies Leben für sich und ihre Kinder zu beginnen.

»Ich war vierzehn Jahre verheiratet und habe vier Kinder. Das älteste ist dreizehn, das jüngste sieben. Neun Jahre war meine Ehe glücklich, obwohl das Geld knapp war und ich halbtags arbeiten gehen mußte. 1971 hatte dann mein Mann ein Verhältnis mit einem Mädchen, einer Kollegin. Als ich ihm sagte, er müsse sich zwischen uns entscheiden, schlug er mich ins Gesicht und schleifte mich an den Haaren die Treppe hinauf. Das war das erste Mal, daß er gegen mich gewalttätig wurde . . .

Anfang 1973 fing mein Mann zu trinken an und begann, von der Arbeit wegzubleiben. Das Ergebnis war, daß ich immer mehr

schuften mußte. Wenn er am Wochenende mit Freunden weg-
fuhr, blieb ich mit der ganzen Arbeit im Hotel zurück, wo er
Manager war. Ich mußte den Angestellten Anweisungen geben
und die Kinder versorgen. Wenn er von diesen Wochenenden
zurückkam, beschuldigte er mich völlig grundlos, mit unseren
Angestellten Verhältnisse angefangen zu haben. Wir stritten oft
über dieses Thema, und ich warf ihm vor, unsere Kinder zu
vernachlässigen, weil er so oft weg war. Ich hatte das Gefühl, daß
auch ich die Kinder vernachlässigte wegen der vielen Arbeit.
Als ich mich weigerte, auch noch an der Bar zu bedienen, prügelte er mich entsetzlich. Er boxte mich zu Boden und trat mir
brutal in den Leib, auf die Füße und an den Kopf. Er warnte mich
davor, Hilfe zu holen, denn dann würde es nur noch ärger
kommen. . . .
Wir fanden einen anderen Job und bekamen ein Haus in der
Nähe. Diesmal weigerte ich mich, mitzuarbeiten, weil die Kinder
krank waren und mich zu Hause brauchten. Der Streit begann
erneut, diesmal ums Geld. Er weigerte sich, mir Geld für Essen,
Kleidung, Strom und die Miete zu geben. Er gab mir nur ein paar
Pfund die Woche. Wenn ich ihn um mehr bat, schlug er mich und
scheuchte die Kinder ins Bett. Er sagte mir, daß ich und die
Kinder ihm gleichgültig wären. Ich könnte gehen, wenn ich
wollte, *aber die Kinder dürfe ich nicht mitnehmen.* Ich glaube, das hat
er nur gesagt, um mich zum Bleiben zu zwingen, denn er wußte,
wie sehr ich meine Kinder liebe und daß ich mich nicht von ihnen
trennen würde.«

Bisherige Untersuchungen zur Frauenmißhandlung

Frau Williamson hat auf dem Brüsseler Frauentribunal ihre
Geschichte erzählt als Beispiel für tausende ähnlicher Fälle.
Warum haben bisher so viele Frauen geschwiegen?
Es gibt inzwischen einige Untersuchungen in England, bei denen
mißhandelte Frauen befragt wurden, etwa die inzwischen bekannt gewordene Untersuchung des Psychiaters Gayford, der
100 Frauen befragte[3], und eine weitere von Marsden und Owens,
die 19 solcher Fälle umfaßt[4]. Auf diese beiden beziehen wir uns
im folgenden.
Nach den Aussagen der betroffenen Frauen selbst haben sie sehr
lange versucht zu verbergen, was mit ihnen geschah, weil sie sich

vor der Reaktion der Freunde, Bekannten, Nachbarn und Eltern fürchteten. Sie schämten sich und fühlten sich degradiert. Das Geschlagenwerden bedeutete für sie ein persönliches Versagen, die Zeichen der Gewalttätigkeit ihres Mannes waren ein sichtbares Stigma, das andeutete, daß bei ihnen zu Hause nicht alles in Ordnung war.

Frau Williamson schildert die Lage der Frauen so: »Die meisten Frauen haben Eltern, Schwestern usw. Doch will eine Frau, daß ihre Familie weiß, daß sie in der Hölle lebt? Daß sie hungert, weil der Mann ihr kein Geld gibt, daß ihre Kinder keine anständige Kleidung für die Schule haben? Die mißhandelten Frauen haben das Gefühl, sie können auch deswegen nicht zu ihrer Familie, weil der Ehemann sie dort zuerst suchen wird. Und dann wird der Druck der Familie sie zwingen, nach Hause zurückzukehren.«

Vielfach ist es die ökonomische Abhängigkeit der Frau, die sie davor zurückhält, Anzeige zu erstatten. Frau Williamson: »Eine Woche später konnte ich zu einem Arzt gehen. Der sagte mir, ich solle die Mißhandlung bei der Polizei anzeigen, da meine Nase und meine Wangenknochen gebrochen waren. Ich erzählte aber niemandem davon, weil ich zu große Angst hatte, daß er mich wieder schlagen und seinen Job verlieren könnte. Das würde bedeuten, daß wir unsere Wohnung verlassen müßten. Es ist in Schottland äußerst schwierig, eine Wohnung zu finden.«

Die gewalttätigen Handlungen gegen die Frauen beschränken sich nicht etwa nur auf das Schlagen mit der Handfläche oder mit der Faust. Zum Teil treten die Männer besonders gern in den Unterleib. Zum Schlagen benutzen sie Stöcke, Gürtelschnallen, zerbrochene Flaschen, Stühle. Sie stoßen zu mit Gabeln, sie benutzen Messer. Sie verbrennen mit Bügeleisen, sie strangulieren und würgen, sie schleifen die Frauen an den Haaren durch die Wohnung. Sie werfen sie das Treppenhaus hinunter. Sie vergewaltigen sie. Sie drohen ihnen, sie umzubringen. Und immer wieder sagen sie ihnen, sie seien einen Dreck wert.

Die Frauen wiesen zum Teil schwere Verletzungen auf: innere Verletzungen, gebrochene Nase, gebrochene Rippen, ausgeschlagene Zähne, zerrissenes Ohr, zerschlagenes Trommelfell. Immer wieder kommen auch Fehlgeburten vor. Die geschiedene Frau eines *hohen Beamten* aus Berkshire berichtet: »Ich konnte im Sommer weder schwimmen gehen noch Sommerkleider tragen, weil ich über und über mit blauen Flecken bedeckt war. Als ich im achten Monat Zwillinge erwartete, schlug mein Mann mich nieder und trat mich mehrmals in Bauch und Nieren. Die Babies kamen zu früh zur Welt. Beide waren bis zu diesem Unfall gesund gewesen, doch nun war eines, das sich danach nicht mehr bewegt hatte, tot.«[5]

Die befragten Frauen waren durchschnittlich alle zwei Monate schwer mißhandelt worden. Von 19 mußten sich 11 Frauen in psychiatrische Behandlung begeben. Sie litten unter Angst, Nervosität, Depressionen, Verwirrung, schlechten Träumen, Haarausfall. Zwei Frauen hatten begonnen, maßlos zu trinken. Eine ertappte sich immer wieder bei dem Wunsch, ihre Kinder zu schlagen.

Holländische Frauen beschrieben diese Symptome auf dem Brüsseler Tribunal:

»Wenn eine Frau lange Zeit hindurch mißhandelt worden ist, entstehen für sie zusätzliche Probleme aus ihrer psychischen Reaktion. Es kann z. B. sein, daß sie sehr stark an Gewicht verliert, weil sie kaum mehr etwas zu sich nehmen kann. Oder sie nimmt im Gegenteil sehr stark zu, weil sie sich mit Essen zu beschwichtigen und zu trösten versucht. Oder sie bekommt Hautausschlag, sie wird reizbar, auch im Umgang mit den Kindern. Es gibt Frauen, die als Folge dieser ständigen Bedrohung weinend und schreiend durch die Straßen laufen, die anfangen »Erscheinungen« zu sehen. Dann wird ihnen mit der Einweisung in die Psychiatrische gedroht. Manche Männer spekulieren sogar damit. Sie drohen ihrer Frau: ›Ich werde dich so lange ängstigen, bis du in eine Anstalt eingewiesen wirst.‹

Frauen in dieser Lage befinden sich in einem bösen Zirkel: wenn sie geschlagen werden und ihren Mann nicht verlassen, werden sie als masochistisch, neurotisch oder hysterisch abgestempelt. Gehen sie aber, werden sie als unverantwortlich diffamiert. Sie werden als unfähig beschimpft, für sich und ihre Kinder zu sorgen.«

So findet sich denn auch bei den 100 regelmäßig mißhandelten Frauen, die der Psychiater Gayford befragte, keine einheitliche Haltung ihren Männern gegenüber: Ein Drittel will ihn aus ihrem Leben verschwinden sehen, ein weiteres Drittel ist unentschieden. Viele Frauen lieben ihren Mann sehr, auch wenn sie seine Gewalttätigkeiten verabscheuen. Immer wieder lassen sie sich dazu überreden, zu ihm zurückzukehren, es »noch einmal zu versuchen«. Sie fühlen, daß die Männer auf Grund ihrer Erziehung, der Prügel und Lieblosigkeit ihrer Kindheit, zu Gewalttätern geworden sind. Diese Frauen geben sich der Illusion hin, daß die Liebe zu einer guten Frau aus dem häßlichen Frosch einen Prinzen machen kann. Doch solche plötzlichen Bekehrungen kommen fast nie vor. Erin Pizzey berichtet, wie immer wieder Männer weinend und reuig zum Frauenhaus kommen und ihre Frau bitten, doch wieder zu ihm zurückzukehren. Doch einige Tage später ist sie wieder da, von blauen Flecken und Striemen übersät. Zu tief sitzt diesen Männern die Gewalt – von frühester Kindheit anerzogen – in den Knochen. Nie haben sie gelernt, Liebe zu zeigen und auf andere Menschen einzugehen. Die einzigen Gefühle, die sie kennengelernt haben und zu denen sie fähig sind, sind Haß und Wut.

Unter den von Gayford untersuchten gewalttätigen Ehemännern haben 50 % ihren Vater oft beim Prügeln der Mutter erlebt. 30 % der Väter der prügelnden Ehemänner waren starke Trinker und über 70 % der Ehemänner trinken selbst. Die Frauen nehmen zu über 70 % Beruhigungsmittel, Tranquilizer und Antidepressiva. 43 % hatten zum Zeitpunkt der Befragung schon einen Selbstmordversuch hinter sich. Von den 19 gewalttätigen Männern, die Marsden und Owens befragten, waren 6 aus Familien mit einem äußerst schlechten Klima, gekennzeichnet durch Prügel und Alkoholismus, 10 waren in psychiatrischer Behandlung gewesen. Alle Frauen schilderten ihre Männer als extrem launisch: sie vergessen sich selbst, der Gesichtsausdruck verändert sich, die Augen werden sonderbar.

Doch nicht immer sind es Männer aus tristen gewalttätigen Unterschichtverhältnissen, die ihre Frauen prügeln. Das Phänomen der Frauenmißhandlung geht quer durch alle Klassen. Wir haben bereits den Fall eines hohen Beamten aus Berkshire erwähnt. In der Oberschicht wird es einfach besser vertuscht. Die Frauen versuchen solange es geht die Fassade zu wahren, denn bei ihnen kommt zusätzlich zur ökonomischen Unsicherheit noch der soziale Abstieg dazu. In der wissenschaftlichen Fachzeitschrift *Victimology* fanden wir folgenden Bericht aus allerhöchsten Kreisen:

»Ingeborg Dedichen, die 12 Jahre lang mit Artistoteles Onassis lebte, beschreibt einen Vorfall, bei dem Onassis sie so lange schlug, bis er vor Erschöpfung von ihr ablassen mußte. Am nächsten Tag erklärte Onassis, anstatt sich zu entschuldigen: ›Alle griechischen Ehemänner, glaub mir, alle griechischen Män-

ner ohne Ausnahme schlagen ihre Frauen. Das tut ihnen gut.‹
Und dann lachte er.«[6]

Aus welchen Anlässen prügeln Ehemänner?

Die Mehrheit der Frauen schildert als Anlässe für Gewaltausbrüche sehr triviale Vorfälle. Eine hatte einen zu großen Pullover
gestrickt. Der Mann warf ihn ins Feuer und sagte ihr: »Das hast
du davon, daß du etwas hinter meinem Rücken tust.« Andere
hatten z. B. eine Packung Eis zu lange im Gefrierfach gelassen;
einen nassen Fisch in ein Stück Papier eingewickelt, das dann
zerriß; eine Handtasche verloren; auf einer Party einige Worte
mit einem älteren Herrn gewechselt. Die Frauen berichten von
starken Ressentiments ihrer Männer gegen Intelligenz, Erfolg
beim Anknüpfen von Freundschaften, gegen künstlerische und
sonstige Interessen, die der Ehemann nicht hat. Jede Art von
Forderung, von Wunsch oder Konkurrenz von seiten ihrer Frau-
en scheint den Männern verhaßt zu sein.
Frau Williamson forderte von ihrem Mann, sich zwischen ihr
und seiner Freundin zu entscheiden und erntete Prügel. Sie
verlangte Geld für die Kinder und wurde geschlagen. Sie wurde
von ihrem Mann gezwungen, in seiner Abwesenheit selbständig
zu arbeiten, löste aber gleichzeitig durch diese Selbständigkeit
seine Eifersucht und Aggressionen aus. Gewohnt, sich nie zurückzuhalten, auf jede Störung des normalen Lebensablaufs mit
Wut zu reagieren, kann ein Mann durch eine Schwangerschaft
seiner Frau, eine Krankheit, die Geburt eines Kindes zu Gewalttätigkeiten gereizt werden. Besonders die erste Zeit nach der
Geburt, wenn das Baby viel schreit, ist sehr gefährlich für Mutter
und Kind. Auch die durch die Geburt eines Kindes verschärfte
ökonomische und räumliche Situation der Familie fördert solche
Gewaltausbrüche. Andererseits wünscht der Mann aber auch die
Kontrolle über die Fruchtbarkeit der Frau zu behalten. So ver-
bieten zum Beispiel viele Männer ihren Frauen, empfängnisver-
hütende Mittel zu nehmen.
Die einundzwanzigjährige Pat Brown aus London erzählte in
Brüssel, daß ihr Mann sie zum ersten Mal prügelte, als sie sich im
Jahre 1972 sterilisieren ließ.
»Der erste Vorfall überhaupt geschah etwa vier Monate nach
meiner Sterilisierung. Ich war mit meinem Mann zum Tanzen

gegangen. Einmal, auf dem Parkett, forderte mich ein Mann auf. Ich lehnte ab und ging zurück zu unserem Tisch. Mein Mann aber beschuldigte mich, einen Freund zu haben, und betrank sich ganz fürchterlich. Nachher gingen wir zum Parkplatz, da fing er wieder davon an und begann mich zu schlagen, vor unseren Freunden und vor all den anderen Leuten.«

Doch als er selbst ein Verhältnis anfängt, sieht die Sache für ihn ganz anders aus.

»Das war fünf bis sechs Monate lang der einzige Vorfall, bis er 1973 ein Verhältnis mit einer anderen Frau anfing. Er blieb vier Nächte lang weg, dann kam er zurück und sagte mir, daß er eine andere gefunden hätte und mit ihr zusammenleben wolle. Ich war darüber ziemlich schockiert, obwohl er früher schon Verhältnisse gehabt hatte, ohne mir aber was davon zu erzählen. Er hätte wohl jedes Mal Schluß gemacht, wenn ich es gemerkt hätte. Aber dieses Mal sagte er mir, daß er mich verlassen wolle. Ich war einverstanden. Doch dann beschuldigte er mich, ihn nicht mehr zu lieben und nichts mehr von ihm wissen zu wollen. Was hätte ich tun sollen? Ich wußte nicht, was er wollte, ob er sie wollte oder mich. Wir gerieten in die Situation, daß er eine Nacht mit ihr schlafen wollte, die andere Nacht mit mir. Das hatte sehr schlechte Auswirkungen auf meine Gesundheit. Ich verlor an Gewicht, ich konnte nicht schlafen, die Kinder waren recht unglücklich. Und als ich ihm schließlich sagte, daß ich das nicht länger aushalten könne, und er sich entscheiden müsse, meinte er, das könne er nicht.«

Doch seine Eifersucht kann er trotzdem nicht aufgeben. »An einem Abend, als er weg war, ging ich mit einer Freundin was trinken. Nach zwei Drinks kam ich nach Hause. Ich zog mich gerade aus, um ins Bett zu gehen, als mein Mann die Haustür einrammte. Alles, was ich zu diesem Zeitpunkt anhatte, war meine Unterwäsche. Er kam nach oben ins Schlafzimmer, er schimpfte mich eine Hure und fragte mich, mit welchem Mann ich an diesem Abend zusammen war. Er begann, mir die Wäsche runterzureißen. Als er alles weggerissen hatte, fing er an, mich zu treten, zu schlagen und Zigaretten an mir auszudrücken. Er schleifte mich an den Haaren die Treppe runter, schlug mich in der Küche mit den Fäusten, ging mit dem Messer auf mich los. Er schlug mir einen Stuhl über den Rücken. Dann stieß er meinen Kopf gegen die Wand. Das muß etwa eine Stunde gedauert haben. Und alles, was er immerzu sagte, war: du bist eine Hure, du bist eine Hure, wo ist der Mann, mit dem du zusammen warst? Ich sagte ihm die ganze Zeit, daß ich gar nicht mit einem Mann weggewesen war.

Schließlich, nach etwa drei Stunden, kam die Polizei. Obwohl die Tür offenstand, kamen sie nicht rein, sondern klopften höflich an. Mein Mann rief in Richtung Tür, ich sei am Abend ausgewesen und hätte die Kinder sich selbst überlassen. Die Polizisten fragten mich nicht, ob das stimmte. Ich lag im Vorzimmer, in einer Pfütze voll Blut. Mein Gesicht war so geschwollen, daß meine Augen fast geschlossen waren. Meine Vorderzähne waren ausgeschlagen und wären mir beinahe im Hals steckengeblieben. Unter dem Arm hatte ich eine Rißwunde bekommen, als ich versuchte, mich zu verteidigen. Meine Zehen waren zerquetscht. Und alles, was sie sagten, war: ›Wollen Sie ihn anzeigen?‹

Ich konnte nicht sprechen. Ich versuchte ihnen klarzumachen, daß ich Angst hatte und daß ich ins Krankenhaus wollte. Sie weigerten sich, mich ins Krankenhaus zu bringen. Sie sagten mir: ›Wenn Sie ihn nicht anzeigen wollen, können wir nichts machen.‹

Sie gingen und ließen mich mit diesem Mann zurück, der nun verlangte, daß ich mich anzog. Ich konnte mich nicht anziehen, weil ich glaubte, mein Arm wäre gebrochen. So zog er mich an und verfrachtete mich und meine beiden Kinder, ein Mädchen von fünf und eins von neun, ins Auto und fuhr zu seiner Freundin, um ihr zu zeigen, was er mit mir gemacht hatte. Er sagte ihr, ihr würde dasselbe blühen, wenn er sie bei einer Untreue erwischte. Er fragte sie dann, ob sie ihn immer noch wolle. Sie antwortete ja, sie hätte bei ihrem ersten Mann Schlimmeres ausgehalten . . .

Schließlich entschloß er sich plötzlich, mich ins Krankenhaus zu bringen. Aber er warnte mich, nur ja zu sagen, es wäre mir auf der Straße passiert, daß mich da jemand überfallen hätte.

Als wir zum Krankenhaus kamen, erzählte er ihnen diese Geschichte. Der Arzt fragte mich, ob es wahr sei. Ich sagte nein, er hätte es getan. Ich dachte, sie würden daraufhin versuchen, mich zu beschützen, indem sie mich zumindest im Krankenhaus behielten. Aber das war ein großer Irrtum! Als ich ihn beschuldigte, kam er herüber und spuckte mir ins Gesicht und nannte mich einen Bastard. Sechs Rippen waren gebrochen, ich hatte eine Rißwunde unter dem Arm, alle diese Spuren im Gesicht, eine Körperseite war völlig schwarz geworden – sie aber schickten mich nach Hause, in einem Auto mit diesem Mann!

Wir kamen schließlich nach Hause. Ich bestand darauf, daß er die Kinder nehme. Er hatte nämlich seiner Freundin erzählt, er würde sie nehmen, weil ich eine unfähige Mutter sei. Er brachte aber dann doch die Kinder zurück, verbarrikadierte die Tür des Vorzimmers und ließ mich vier Tage mit den Kindern allein. Niemand kam, um mir zu helfen. Niemand wollte was wissen von dem Ganzen. Der Sozialarbeiter kam mal eben so vorbei, um mir zu sagen: ›Kommen Sie mal zu mir, wenn Sie sich deprimiert fühlen.‹ Das Jugendamt glaubte nicht, daß mein Mann gegen die Kinder gewalttätig gewesen war, er hatte sie ja nicht verletzt. Ihnen fiel nicht ein, was für ein Schaden dadurch entstehen kann, daß sie mitansehen mußten, was er mit mir machte. So konnten sie mir auch nicht helfen.«

Ganz klar kommt in dieser Geschichte die doppelte Sexualmoral heraus. Pat Brown wird als Hure bezeichnet und verprügelt, als sie einmal alleine ausgeht, während ihr Mann sich gleichzeitig eine Art Nebenfrau hält. Die Diffamierung als unfähige Mutter soll dazu dienen, die Ehefrau bei der Stange zu halten.

Überhaupt werden die Kinder sehr oft als Druckmittel zur Einschüchterung der Frauen verwendet. Wenn die Frau aufmuckt, droht ihr der Mann, ihr die Kinder wegzunehmen, wie im Fall von Frau Williamson. Die Kinder sind ein Symbol der Potenz der Männer, die fürchten, die Gewalt über sie zu verlieren. Andererseits sind aber auch die Kinder oft das auslösende Moment für eine Entscheidung der Frau, ihren Mann zu verlassen. Viele Frauen sind sehr lange bereit, Gewalt gegen sich passiv zu erleiden und immer wieder auf eine Änderung ihrer Lage zu hoffen. Beginnt aber der Mann auch die Kinder zu mißhandeln, dann beschleunigt das oft ihre Entscheidung.

Eifersucht ist ein wichtiges Element bei der Frauenmißhandlung. 50 % der Männer aus der Marsden/Owens-Untersuchung waren übermäßig eifersüchtig, zwei Drittel in der Untersuchung von Gayford. Sie beschuldigten ihre Frauen, Liebhaber zu haben und versuchten, sie einzusperren, ihre Kleider wegzuschließen oder sie daran zu hindern, zur Arbeit zu gehen. Die Männer sind zwar selbst sexuell sehr fordernd und rücksichtslos, empfinden aber sexuelle Wünsche von seiten der Frau als Bedrohung. So hatten bei der Gayford-Untersuchung einerseits die Hälfte der Frauen zeitweilig den Beischlaf wegen der Rücksichtslosigkeit ihrer Männer verweigert, während andere von ihrem Mann wegen »sexueller Freizügigkeit« kritisiert worden waren. Doch läßt sich die Gewalttätigkeit von Ehemännern wohl kaum, wie es in diesen Untersuchungen andeutungsweise durchklingt, auf sexuelle Frustrationen zurückführen.

Bei den Gewaltausbrüchen, wie sie hier beschrieben werden, ist es eindeutig, daß sie ein Mittel zur Unterdrückung und Disziplinierung sind, das jeweils eingesetzt wird, wenn sich die Männer in ihrer Position als Ehemann oder Familienvater gefährdet fühlen. Sobald sie nicht mehr sicher sind, daß die Frau sich als Dienerin und Besitz fraglos unterordnet, reagieren sie mit äußerster Aggression als Zeichen großer Verunsicherung. Diese Verunsicherung scheint ganz allgemein zu sein und bezieht sich auf alle Bereiche, in denen Männer glauben, etwas leisten zu müssen, also auf Potenz im weitesten Sinn.

Die Familiengesetze

Diese tagtägliche Gewalt in der Ehe kann nur deshalb so ungehindert ausgelebt werden, weil sie den kulturellen Normen des Patriarchats entspricht und bis zum heutigen Tag durch die Familiengesetzgebung rechtlich abgestützt ist.

In ihrem Buch *Sexismus*[7] unternimmt Marielouise Janssen-Jurreit einen Streifzug durch den kulturell und rechtlich verankerten Brauch der Frauenmißhandlung. In den christlich-germanischen Gesellschaften wurde das Recht, die Ehefrau zu schlagen, aus göttlichen Geboten abgeleitet. Im germanischen Dorfrecht, das erst im 16. Jahrhundert allmählich vom Römischen Recht verdrängt wurde, wurden Normen aufgestellt zum Schutz der Frau gegen Schläge. Der Mann mußte in einigen Gemeinden ein Sühnegeld zahlen, wenn er seine Frau verprügelte. Die Höhe richtete sich nach der Art der Prügel und dem Ausmaß der Körperverletzung. Der Mann, der sein Züchtigungsrecht nicht wahrnahm oder sich selbst von seiner Frau schlagen ließ, mußte in vielen Gemeinden mit Repressionen rechnen, oder er wurde von der Dorfgemeinde öffentlich lächerlich gemacht. Im 17. und 18. Jahrhundert wurde das bäuerliche Familienrecht vom Landesrecht abgelöst und das Züchtigungsrecht des Mannes schriftlich kodifiziert. Das Züchtigungsrecht des Mannes war bis zum Ende des 19. Jahrhunderts im europäischen Familienrecht verankert.

Während das Züchtigungsrecht um die Jahrhundertwende aus

dem Familienrecht europäischer Länder verschwand, wurde es in islamischen Ländern, die ihre nationale Souveränität erlangten, gesetzlich eingeführt. Das religiöse Recht, auf das sich jeder Mohammedaner berufen kann, wurde in Ägypten ausdrücklich vom Staat zum Bestandteil des Eherechts gemacht. Der Koran fordert die Ehemänner explizit auf, ihre Ehefrauen bei Ungehorsam im Ehebett zu meiden und sie zu schlagen. Diese Anleitung gilt natürlich um so mehr für Länder wie Saudi-Arabien und Jemen. Während der Mann nach dem Koran das Recht auf vier Ehefrauen hat und auf so viele Konkubinen wie er will, muß der Mann in Ägypten und Syrien immerhin vor Gericht beweisen, daß er sich eine zweite Frau leisten kann.

Den islamischen Gesetzen gar nicht so unähnlich stellt sich die rechtliche Lage der Frauen in *Israel* dar. Frauen aus Israel berichteten in Brüssel über die Familiengesetzgebung in ihrem Land. Dieser Bericht widerspricht den Vorstellungen von der emanzipierten, mit der Waffe kämpfenden Israelin, die man sich hierzulande macht.

»Der Besitzstatus der Frau ist in Israel im sogenannten Frauenrechtsgesetz aus dem Jahre 1951 verankert. In Israel fällt alles, was den persönlichen Status betrifft, wie Ehe, Scheidung, Kinder, unter die Rechtssprechung der klerikalen Gerichtshöfe. Für die Mehrheit des israelischen Volkes bedeutet das natürlich das orthodox-jüdische Recht, ob der einzelne Bürger nun religiös ist oder nicht. Vor den Rabbiner-Gerichten haben Männer und Frauen nicht den gleichen Stand. Frauen gelten als Eigentum der Männer und sind daher wertlos. In der Heiratszeremonie nimmt er sie zur Frau, während sie passiv bleibt. Bei der Scheidung trennt er sich von ihr, sie nimmt diese Trennung hin. Bigamie ist zwar in Israel gesetzwidrig, doch haben die männlichen Gesetzgeber einen Paragraphen eingebaut, der die Heirat einer Zweitfrau erlaubt, wenn nur der Rabbiner-Gerichtshof damit einverstanden ist. Eine solche Erlaubnis wird gegeben, wenn die Frau nicht in der Lage ist, die Scheidung entgegenzunehmen. Das heißt, wenn sie nicht gesund ist, wenn sie verschwunden ist oder, trotz der Anordnung des Gerichts, nicht zustimmt. Für eine Frau besteht dagegen keine entsprechende Möglichkeit. Selbst wenn ihr Mann verschwindet oder nicht aus dem Krieg zurückkehrt, ist sie für immer an ihn gebunden. Das heißt, sie darf keine Beziehung mit einem anderen Mann eingehen. Wenn der Mann stirbt, läuft sie Gefahr, alle Rechte auf ihren Teil des Besitzes und sogar das Sorgerecht für die Kinder zu verlieren. Wenn aus ihrer Beziehung zu einem anderen Mann Kinder stammen, werden sie als Bastarde angesehen; sie dürfen niemals innerhalb der Gemeinde heiraten. Wenn eine Frau aber doch eine Scheidung bekommt, darf sie nur dann wieder heiraten, wenn es der Rabbiner-Gerichtshof genehmigt.

Die Situation der Frauen wird noch dadurch verschlechtert, daß sie vom Rabbiner-Gerichtshof für »rebellisch« erklärt werden können. Dann verlieren sie ihren Unterhalt, ihr Eigentum und andere Rechtsansprüche. Wenn z. B. eine Frau die gemeinsame Wohnung ohne Erlaubnis der Rabbiner verläßt, wird sie für »rebellisch« erklärt.

Wir haben in Israel auch immer noch die Sippenehe: Wenn ein Mann stirbt und seine Frau kinderlos zurückläßt, gehört sie seinem Bruder. Noch vor kurzem hat sich eine Frau von ihrem Schwager loskaufen müssen. Wenn der Schwager noch nicht erwachsen ist, muß sie seine Volljährigkeit abwarten, um loszukommen. Oder sie wird sein Eigentum.«

In den europäischen Gesellschaften wird die physische Aggression gegen Frauen nicht mehr so unverblümt ausgelebt wie etwa in den arabischen Gesellschaften. Die Ungleichheit zwischen Mann und Frau ist auch weniger eindeutig gesetzlich verankert als etwa in Israel. Die Ideologie der Ritterlichkeit gegenüber Frauen läßt es als unmännlich erscheinen, eine Frau zu schlagen. Physische Gewalt gegen die Ehefrau ist zwar im Familienrecht nicht explizit erlaubt, ja wird sogar mit Strafe geahndet, und dennoch ist diese Gewalt durch die Definition der Frau als Unmündige in den Familiengesetzen der meisten europäischen Länder angelegt. Für die Kinder wird das Züchtigungsrecht der Eltern ausdrücklich erwähnt. Da der Status der Frau in der Ehe in vielem dem unmündigen Status des Kindes ähnelt, liegt der Schluß nahe, daß auch eine Frau gezüchtigt werden darf. Wir beziehen uns im folgenden sowohl auf das alte als auch auf das neue Familienrecht Österreichs.

Schon allein die Festsetzung des Ehemündigkeitsalters bei 21 Jahren für den Mann, bei 16 Jahren für die Frau illustriert den Kindstatus der Frau. Ihre Großjährigkeit ist für das Eingehen einer Ehe nicht erforderlich, sie begibt sich sowieso in die gesetzliche Vormundschaft ihres Mannes. Die Definition des Mannes als Haupt der Familie, die Folgepflicht der Frau bei Orts- oder Wohnungswechsel des Mannes und die zwangsweise Übernahme des Mannesnamens durch die Frau sind weitere Beweise des Besitzstatus der Ehefrau. Auch die Unterhaltspflicht des Mannes und die Verpflichtung der Frau zur Haushaltsführung und Kindererziehung sind darauf angelegt, eine Ungleichheit zwischen den Ehepartnern herzustellen, die, da der Ehemann über die ökonomische Macht verfügt, auch dazu angetan ist, physische Gewalt zu rechtfertigen. Auch in der Formulierung des reformierten österreichischen Familienrechts zieht es der Gesetzgeber vor, mit Wendungen wie »vereinbar mit den Pflichten der ehelichen Gemeinschaft«, »zumutbar« und »Verwirkung des Unterhaltsanspruches bei besonders schweren Eheverfehlungen« auf das Gewohnheitsrecht zu verweisen. Einer oberflächlichen formalen Gleichheit steht außerdem eine Fülle von die Frau diskriminierenden Sozialgesetzen gegenüber.

Viel eindeutiger drückt sich da das irische Familiengesetz aus. Irische Frauen berichteten in Brüssel über einen Sonderaspekt der Ehe in *Irland*:

»Das Prinzip, die Frau als persönliches Eigentum zu betrachten, ist in vielen Abschnitten der irischen Gesetze verankert, aber nirgendwo ist es klarer definiert als im *Criminal Conversation*. Dieses Gesetz basiert auf einem Konzept aus dem alten Common Law, welches besagt, daß das Interesse des Ehemannes an seiner Frau ein besitzmäßiges ist. Laut diesem Gesetz kann ein Ehemann jeden Mann verklagen, der eine ehebrecherische Beziehung mit seiner Frau unterhält. Dabei ist es völlig irrelevant, welcher Meinung die Frau in dieser Angelegenheit ist.

Im Januar 1976 sprachen die Geschworenen eines irischen Hohen Gerichts einem Ehemann unter Berufung auf diese Bestimmung die Summe von 14.000 Pfund zu. Dieser Betrag konnte verstanden werden als der zur Zeit geltende Preis einer irischen Ehefrau.

Für Richter und Geschworene ist es ein normaler Fall, darüber zu entscheiden, was der Verlust an »sexuellen Beziehungen« eines Mannes finanziell wert ist. Den entstandenen Schaden beurteilen die Geschworenen nach dem Schätzwert der Frau. In Rechnung wird dabei ihr Vermögen, ihre Mithilfe bei den Geschäften des Mannes, ihre Fähigkeiten als Hausfrau usw. gestellt. Zweitens berücksichtigt der Gerichtshof, daß der Ehemann eine angemessene Kompensation für die Verletzung seiner Ehre, für die unangenehme Lage, die Beschädigung seines Besitzergefühls und des Familienstolzes erhalten muß. Die Schäden, die ihm zugefügt werden, hängen von der Reinheit und dem Gesamtcharakter seiner Frau ab. Die widerwärtigen Aspekte solcher Fälle werden weithin und mit offener Geilheit publiziert.

Bis Januar 1976 waren Frauen als Geschworene nicht zugelassen. Trotz des Drucks von Frauenorganisationen weigert sich unsere Regierung, dieses Gesetz abzuschaffen. Vor einem Monat soll ein Staatsanwalt gesagt haben, es gäbe zu viele Leute, die gegen die Abschaffung sind. Noch im letzten Jahr hat es eine Menge solcher Fälle gegeben, bei denen die Männer beachtliche Entschädigungen erhielten.«

Interessant ist die Stellung der norwegischen Frauen beim Brüsseler Tribunal zur Problematik gesetzlicher Reformen, die schon an Hand des Falles von Österreich angeschnitten wurde. Das rechtliche System Norwegens gründet auf der Gleichheit von Mann und Frau vor dem Gesetz. Trotzdem unterstützen die Familiengesetze, die Steuer- und Sozialgesetzgebung das traditionelle Rollenbild der Männer als Unterhalter und der Frauen als Unterhaltene. Diese Situation beruht nicht zuletzt auf dem Umstand, daß den biologischen Funktionen der Frau kaum Rechnung getragen wird. »In Norwegen haben wir jetzt einen Gesetzesvorschlag, der von einer rein äußerlichen und formalen Gleichheit ausgeht. Wenn eine wirkliche Gleichheit erreicht werden soll, muß die Basis eine Neuverteilung des Nutzens sein. Eine Neuverteilung bedeutet, jemandem etwas zu geben und dafür anderen Vorteile und Möglichkeiten zu nehmen. Die Männer müssen verschiedene Arten von Privilegien zugunsten der Frauen aufgeben, wenn die Situation der Frauen gebessert werden soll. Ein Gesetz, welches das nicht grundsätzlich anerkennt, ist ein männliches Gesetz und dazu bestimmt, die existierenden Beziehungen zwischen den Geschlechtern zu festigen. Eine mechanistische formale Gleichheit ist schon an sich diskriminierend für die Frauen. Um das zu vermeiden, müssen in der nächsten Zeit die Männer vor dem Gesetz konkret anders behandelt werden, um auf lange Sicht auf das Verschwinden von Unterschieden hinzuwirken. Ein Paragraph, der Diskriminierung bei Anstellungen, Arbeitsgenehmigungen und Löhnen verbietet, ohne die gesellschaftliche Wirklichkeit zu berücksichtigen, ist für Frauen wahrlich eine geringe Hilfe auf dem Arbeitsmarkt. Das Gesetz konzentriert sich auf bestimmte Ungesetzlichkeiten statt auf Strukturen. Das kann unsere Lage nicht verbessern. Wir brauchen materielle Anstrengungen. Daraus können die Schwe-

Wählen Sie nach Gusto und Appetit Ihr saftiges Steak

(Beim Grillieren möchten wir so echt brillieren.)

Wie lange darf unser Küchenchef Ihr Steak grillen?

1. Blau = au bleu = blue: nur kurz angegrillt, innen ganz roh
2. Blutig = saignant = rare: kurz gegrillt, innen jedoch blutig
3. Englisch = a point = medium: mittelgegrillt, innen noch rosa
4. Durch: = bien cuit = welldone: wird ungern vom Koch gemacht

TENDERLOIN OF BEEF	160g	70 -
das tradionelle Filetbeefsteak im Speckmantel		
LADY'S CLUB STEAK	160g	52 -
Entrecote		
NEW YORK CUT SIRLOIN	250g	79,-
Riesenentrecote für den Schlemmer		
T—BONE STEAK	750g	135,-
Quer durch den Ochsenrücken, Entrecote und Filet am T-förmigen Rückenknochen		

Beilagen:

POMMES FRITES	10 ,
BUTTERREIS	10 ,
MANDELCROQUETTEN	12 ,
BAKED POTATOS	10 ,
SPIEGELEI	6 ,
PREISELBEEREN	10 ,
SAUCE TARTARE	10 ,
OBERSKREN	10 ,

Dazu nach Wahl:
Cafe de Paris Butter – Kräuterbutter –
Green Pepper Butter

(Fragen Sie unser Servierpersonal,
welches frische – immer frische – Tagesgemüse
wir heute für Sie zubereitet haben.)

BUTTER 1 Port.	5	-
GEBÄCK	2	-
SCHWARZBROT	0	-

Stoffservietten auf Wunsch

Ich bekomme auf Wunsch eine Tüte für meinen Knochen!

stern aus den Ländern mit diskriminierenden Gesetzen lernen, daß der Weg über formale Gleichheit eine Sackgasse ist!«

Die kulturellen Normen billigen die Mißhandlung von Frauen

Das Schlagen von Frauen ist in der sexistischen Organisation von Gesellschaft und Familie und in den kulturellen Normen verwurzelt. Wir werden erzogen mit Normen, die Gewalt und Aggression glorifizieren, was in den Medien tagtäglich zu beobachten ist. Bei der Gewalt gegen Frauen kommt dann noch ein Element von Komik dazu. Im Kino wird gelacht, wenn eine Frau eine Ohrfeige verpaßt bekommt. In der Familie ist die Gewalt am eindeutigsten erlaubt im Verhältnis zwischen Eltern und Kindern. Man spricht von elterlicher Gewalt, vom Züchtigungsrecht der Eltern. Bei der Mann-Frau-Beziehung gelten ähnliche Normen, wenngleich versteckter und nur implizit. Doch sobald wir uns der Möglichkeit von Gewaltanwendung gegen Frauen bewußt werden, stoßen wir immer wieder auf einschlägige Beispiele. Wie etwa der abgedroschene sexistische Witz, in dem sich die Frau beklagt, daß ihr Mann sie nicht mehr liebe. Auf die Frage, wie sie denn auf diese Idee komme, antwortet sie: »Er hat mich schon vierzehn Tage nicht geschlagen.«
In den USA gibt es heute eine allmählich anwachsende Forschung zur intrafamiliären Gewalt und Aggression. Eine Umfrage der Nationalen Kommission für Ursachenforschung und Verhinderung von Gewalt ergab, daß ein Viertel der Befragten unter bestimmten Umständen das Schlagen von Ehepartnern für angebracht hält (1970).[8] Diese Zahl ist wahrscheinlich noch als zu niedrig anzusehen, weil doch die offiziellen Normen, die Gewalt verdammen, das Aussprechen einer solchen Ansicht wohl in vielen Fällen unterdrücken.
Bei einem Experiment[9] wurde einer Anzahl von Versuchspersonen ein Fall beschrieben, bei dem ein Mann eine Frau bewußtlos schlägt. Die befragten Personen sollten das Strafmaß bestimmen. Der Hälfte von ihnen wurde erzählt, das Paar sei verheiratet, die andere Hälfte glaubte, die beiden seien seit etwa einem Jahr miteinander befreundet. Die erste Hälfte der Befragten war für durchschnittlich 2,65 Jahre Gefängnis als Strafe, die zweite dagegen für 4,15 Jahre! Ein so großer Unterschied wird hier gemacht auf Grund der bloßen Tatsache, daß zwei Menschen miteinander

verheiratet sind. Der Trauschein wird also als ein Freibrief zum Prügeln verstanden.

Eine andere amerikanische Studie[10] untersucht die Reaktionen von Männern bei der Beobachtung gewaltsamer Handlungen gegen Frauen: Drei Psychologen von der Michigan State University inszenierten eine Reihe von Kämpfen, bei denen arglose Passanten Augenzeugen sein sollten. Die Forscher fanden zu ihrer Verwunderung, daß männliche Zeugen Männern zu Hilfe eilten, die entweder von Männern oder von Frauen angegriffen wurden und daß Männer auch Frauen beistanden, die von Frauen geschlagen wurden. Aber nicht ein Beobachter mischte sich ein, als ein männlicher Schauspieler eine Frau zusammenschlug.

Oft herrscht die Meinung, der Mann könne in der Hitze des Gefechts nichts dafür, wenn ihm die Hand ausrutscht. Er »verliert die Kontrolle über sich«. Wenn ihm die Hand aber zu sehr ausrutscht und seine Frau dabei schwer verletzt wird, muß er sich doch vor Gericht verantworten. Dahinter steht die Norm, daß die Kontrolle nur in bestimmten Grenzen »verloren« werden darf, daß die Verletzungen ein bestimmtes Ausmaß nicht übersteigen dürfen. Daher darf der Mann sehr wohl mit der Faust zuschlagen, nicht aber ein Messer benutzen.

Polizei, Gerichte und Sozialbehörden halten sich raus

Der beschriebenen gesetzlichen Lage und den kulturellen Normen entsprechend verhalten sich auch die Institutionen, deren Aufgabe es wäre, den Frauen Hilfe anzubieten. Bisher konnten mißhandelte Frauen nicht auf Hilfe von außen hoffen. Die Institutionen, an die sie sich wandten, sind von Männern beherrscht; sie zeigen keine Neigung, gegen die prügelnden Ehemänner vorzugehen.

Frau Williamson: »Niemand will uns helfen. Die Polizei in Schottland zeigt die Männer nur wegen Körperverletzung an, wenn die Frau einen Zeugen für den Vorfall hat. Ohne Zeugen werden die Männer nur wegen Friedensbruch angezeigt und am nächsten Tag wieder freigelassen. Sie können gleich wieder nach Hause zurück. Dann schlagen sie die Frau wieder, weil sie die Polizei gerufen hat. Die Sozialarbeiter sind überfordert und haben keine Zeit, sich um die Frau zu kümmern. Viele Behörden schicken die Frauen zur Frauenhilfsorganisation.«

Frauen aus Holland berichten:

»Seine Frau zu schlagen ist nichts Ungewöhnliches in Holland. Wir können keine Statistiken anbieten, weil niemand sich damit abgibt, diese Art von Verbrechen zu untersuchen, ja überhaupt zur Kenntnis zu nehmen.

Im holländischen Rechtssystem ist dafür zwar eine hohe Strafe vorgesehen, doch gewöhnlich kommt es erst gar nicht so weit. Es gibt in Holland einige Institutionen, wo Frauen für eine kurze Zeit Schutz finden können (höchstens drei Monate). Warum Frauen überhaupt dorthin kommen, wird von diesen Institutionen nicht klargelegt. Sie erwähnen lediglich ›Eheprobleme‹, worunter man sich wohl eine ganze Menge verschiedener Dinge vorstellen kann. Frauenmißhandlung als solche existiert in der Terminologie der Wohlfahrtseinrichtungen nicht. Wenn eine Frau von ihrem Mann geschlagen wurde, dann handelt es sich um ein ›Beziehungsproblem‹ oder um eine ›Störung der Kommunikation zwischen den Ehepartnern‹. Die ›Lösung‹ muß darin gesucht werden, ›die Ehepartner wieder zusammenzubringen‹.

Die Polizei weigert sich, ihre Klage wegen Mißhandlung zu Protokoll zu nehmen. ›Das ist ein Ehekrach, gnä' Frau, wir können nichts für Sie tun. Sie sollten besser nach Hause gehen‹.

Die Ärzte geben zwar eine gewisse Erste Hilfe. Sie weigern sich jedoch oft, ein Attest auszustellen, das die Frau der Polizei vorlegen könnte. Sie wollen sich offensichtlich aus allem raushalten.

Die Anwälte wollen ebenfalls, daß die Frauen zurück ›nach Hause‹ gehen. Sie erzählen ihnen, sie würden das Anrecht auf die Wohnung verlieren, wenn sie diese ›freiwillig‹ verlassen. Das ist aber absolut unwahr. Eine Menge Frauen haben geklagt und ihre Wohnungen zurückbekommen. Manchmal raten sie den Frauen, sich nicht scheiden zu lassen: ›Sie würden möglicherweise nicht lebend davonkommen‹. Diese Aussicht veranlaßt sie aber keinesfalls, der Frau Hilfe anzubieten. Sie halten es mit der Spruchweisheit: ›In jeder guten Ehe kracht es mal.‹

Sozialarbeiter und therapeutische Institutionen gehen von der (in der Realität nicht existierenden) Gleichheit der Ehepartner aus. Beide Partner haben ihre eigene Geschichte zu erzählen, jeder hat die des anderen anzuhören. Der Therapeut hört beiden nur zu und bleibt ›neutral‹. De facto unterstützt er oder sie das Recht des Stärkeren, und das ist der Mann. Eine Frau erzählt über ihre ›Partner-Therapie‹: ›Als ich meinem Therapeuten sagte, daß ich Angst vor meinem Mann habe, weil er letzte Nacht versucht hat, mich zu erwürgen, antwortete der Therapeut: Frau X, versetzen Sie sich doch in die Lage Ihres Mannes, wie schwierig es für ihn sein muß, daß Sie Angst vor ihm haben‹.«

Polizei, Gerichte, Sozialbehörden und Ärzte verfolgen eine Vogel Strauß-Politik. Sie sind zwar gezwungen zu sehen, was vor sich geht, aber sie fragen nicht nach, tun nur das absolut Notwendige, wollen am liebsten nichts von der ganzen Sache wissen. Erin Pizzey sprach mit einem Chirurgen in einem Krankenhaus, »der seelenruhig zugab, daß er oft schon ein und derselben Frau fünf- oder sechsmal die Nase eingerichtet hatte«[11], sich aber trotzdem nicht verpflichtet fühlte, mal nachzufragen, wie sie denn zu ihren häufigen Verletzungen kam. Immer wieder kommen Fälle vor, wo schwer mißhandelte Frauen oder Kinder von der Polizei wieder zu ihrem prügelnden Mann oder Vater nach Hause geschickt werden. Sie kommen gar nicht auf die Idee, etwa den Kinderschutzbund zu benachrichtigen. Erin Pizzey berichtet, wie schwer es in Großbritannien für eine mißhandelte Frau ist, die eheliche Wohnung zu verlassen, weil ihr das dann im Scheidungsfall als böswilliges Verlassen angelastet wird und ihr das Sorgerecht um die Kinder genommen werden kann. Im Nachwort zur deutschen Ausgabe von *Schrei leise* schreibt Orla-Maria Fels, daß die rechtliche Lage in der BRD für die betroffenen Frauen etwas günstiger liegt. Wichtig ist, daß eine Frau, die wegen der Brutalität ihres Mannes die Familienwohnung verlassen hat, so schnell als möglich für klare Verhältnisse sorgt. »Die Gewalttätigkeit ihres Mannes berechtigt sie, wie es juristisch heißt, ›getrennt zu leben‹. Sie hat dann Anspruch auf Unterhalt, muß diesen Anspruch aber vor Gericht geltend machen, wenn der Ehemann nicht freiwillig zahlt. Durch eine einstweilige Anordnung kann sie sich vom Vormundschaftsgericht das Sorgerecht übertragen lassen.«[12]

Will aber eine Frau die gemeinsame Wohnung nicht verlassen, sondern ihren gewalttätigen Ehemann fernhalten, ist wohl der einzige Weg eine Festnahme. Doch im Handbuch der Internationalen Vereinigung der Polizeichefs aus dem Jahre 1965 steht sogar ausdrücklich die Anweisung, in solchen Fällen von einer Verhaftung Abstand zu nehmen[13]. Die Polizei muß immer wieder erleben, wie sich prügelnde Ehemänner auf ihr Recht berufen, ihre Frau zu schlagen, weil sie doch verheiratet sind. Viele Polizisten glauben selbst daran, daß dies rechtmäßig sei. Die Polizei unternimmt bei einer Anzeige auch nie etwas, um eine Wiederholung der Tätlichkeiten zu verhindern.

Wenn Frauen versuchen, gegen ihre Männer gerichtlich vorzugehen, trachtet man sie in jeder Phase des Verfahrens kaltzustellen. Von 7500 Frauen, die in Washington D.C. im Jahre 1966 versuchten, gegen ihre Männer Haftbefehle zu erwirken, erreichten weniger als 200 ihr Ziel[14]. Eine der wichtigsten Rechtfertigungen für eheliche Gewalt ist in der Doktrin »ehelicher Immunität« zu suchen, die es in vielen Bundesstaaten der USA verhindert, daß Eheleute gegeneinander wegen Körperverletzung überhaupt vorgehen können. In Großbritannien werden Schmerzensgeldforderungen unter Ehepartnern abgelehnt. Nach kalifornischem Recht ist Mißhandlung ausdrücklich nur dann strafbar, wenn sie schwere physische Verletzungen zur Folge hat. Das augenscheinlichste Beispiel für die gesetzliche Anerkennung des herrschenden Rechts des Ehemannes findet sich in der fast in allen Ländern verankerten Straffreiheit des Ehemannes bei Vergewaltigung seiner Frau.

Die folgende Tribunal-Zeugenaussage einer mißhandelten Frau aus England zeigt die Komplizenschaft der Behörden, der Arbeitgeber und der Ärzte gegen mißhandelte Frauen, die aus der Familie ausbrechen wollen. Wiederum zeigt sich, wie sehr die den Frauen aufgezwungene Verantwortung für die Kinder dazu benutzt wird, sie an der Leine zu halten. Yvonne Arnold, eine deutsche Staatsbürgerin, die mit einem Engländer verheiratet war, wurde während ihrer Schwangerschaft und auch danach von ihrem Mann schwer mißhandelt. Schließlich ging sie mit ihrer kleinen Tochter nach Deutschland, wo ihre Mutter lebt. »Er gab meine Wohnung auf, obwohl sie auf meinen Namen eingetragen war. Ich konnte sie nicht zurückkriegen. Ich versuchte, in Deutschland Hilfe zu bekommen. Ich ging zur Wohlfahrt. Die sagten mir, daß mein als britische Staatsbürgerin geborenes Kind für sie nicht existiere. Ich hatte kein Kind, also hatte ich keinen Anspruch auf Sozialhilfe, und ich konnte auch keine Stelle annehmen, weil ich ein Kind hatte. Schließlich fand ich einen Job als Kellnerin in einem Restaurant. Mit dem Kind bei mir arbeitete ich von neun Uhr morgens bis zehn Uhr nachts. Mittags durfte ich mich für zehn Minuten meiner acht Monate alten Tochter widmen. Abends hatte ich zwanzig Minuten frei, um sie zu füttern und ins Bett zu bringen. Den Rest des Tages saß sie in ihrem Laufställlchen und weinte. Mein ganzer Verdienst waren acht Prozent von den Einnahmen.

Nach vier Wochen hatte ich es satt, ich kündigte. Ich hatte kein

Zuhause, ich hatte keine Stelle, ich hatte kein Geld. Mein Mann schrieb mir einen Brief, den er an meine Mutter adressierte. Er sagte, es täte ihm leid und ich solle zurückkommen. Wenn ich nicht zurückkäme, würde er sich meiner Vormundschaft widersetzen, weil er das Kind wollte. Also ging ich zum Jugendamt. Dort hieß es, kein deutsches Gericht würde mir die Vormundschaft über ein britisches Kind geben, wenn ich nicht einmal eine Wohnung hatte. Dann müßte der deutsche Staat für das Kind zahlen, er müßte seine Existenz anerkennen und mir Sozialleistungen zuerkennen.

Also ging ich zu meinem Mann zurück. Unsere Wohnung war ein Zimmer mit einem Bett, einem Waschbecken und einem Herd. Sein Vermieter warf uns raus. Meine Mutter gab mir Geld, damit ich mir eine Wohnung suche. Ich brauchte seine Unterschrift dazu. Aber er ließ mich nicht weg. Ich konnte nicht zur Abendschule gehen. Ich konnte keine Arbeit annehmen. Er sagte, ich gehöre ins Haus. Schließlich überzeugte ich ihn davon, daß ich arbeiten sollte und begann, als Serviererin in den Abendstunden zu arbeiten. Er nahm mir jeden Groschen ab, den ich verdiente. Eines Nachts kam er um zwei Uhr nach Hause. Wir stritten miteinander, er begann mich zu schlagen. Ich hatte lauter Wunden. Meine Tochter wachte auf und kam zu mir. Er schlug trotzdem zu. Die Lippen des Kindes rissen auf. Ich hatte Blut im Urin.

Am nächsten Tag ging ich zum Arzt. Ich wollte eine Einlieferung ins Krankenhaus und mein Kind dorthin mitnehmen. Der Arzt hielt mir einen zweistündigen Vortrag, daß ich *mein Ehegelübde brechen* würde, wenn ich mich scheiden ließe. Der Krankenhausarzt klopfte mir auf die Schulter und meinte, *so was könne schon mal passieren.* Ich wollte mein Kind im Krankenhaus haben, aber der Pfleger sagte, mein Mann sei so nett und immer so besorgt, das Kind wäre bei ihm gut aufgehoben. Ich blieb zehn Tage im Krankenhaus, dann sagten sie, ich könne nach Hause. Ich weigerte mich. Schließlich ließen sie mich bleiben. Glücklicherweise verließ mich mein Mann drei Wochen später wegen seiner Freundin. Wäre sie nicht gewesen, würde er mich wahrscheinlich heute noch schlagen. So muß ich ihr zumindest dafür dankbar sein. Ich arbeite jetzt in York in einem Haus für geschlagene Frauen. Und ich bin nicht die einzige. Es gibt Hunderte und Tausende von uns. Und es ist fast immer wegen unserer Kinder, daß wir da nicht rauskönnen. Die Kinder und die Tatsache, daß wir keinen Platz finden, wo wir mit ihnen leben können, das macht das Ganze so hart. Wir hängen ja wirtschaftlich von den Männern ab. Ich habe zur Frauenbewegung gefunden, und ich kriegte eine Menge Selbstvertrauen dadurch.«

Die Mißhandlung von Kindern

Erschreckend ist auch die Gleichgültigkeit aller öffentlichen und nicht-öffentlichen Institutionen gegenüber dem Schicksal der Kinder. Daß die Kinder nicht nur Zeugen ständiger brutaler Gewaltanwendung gegen ihre Mütter werden, sondern auch selbst direkte Opfer familiärer Gewalt sind, interessiert die Behörden anscheinend nicht. Auch nicht, daß diese Kinder mit großer Wahrscheinlichkeit als Erwachsene selbst wieder Gewalt ausüben werden.

In der als kinderfeindlich bekannten BRD gibt es 14 Millionen Kinder bis zum Alter von 14 Jahren. 80 % ihrer Eltern sind für die Prügelstrafe. Laut Statistik sterben jährlich rund 90 Kinder an Mißhandlungen durch die Eltern und Erzieher. Die Dunkelziffer der Kindesmißhandlungen wird von Fachleuten auf 95 % geschätzt. Das bedeutet: In Deutschland werden jährlich zwischen 30 000 und 80 000 Kinder geschunden, geprügelt, mißhandelt.[15]

Das Institut für angewandte Sozialwissenschaften (INFAS) führte 1970 eine demoskopische Umfrage durch, in der interessante Zahlen ermittelt wurden: Auf die Frage nach der Strafwürdigkeit zwölf genannter Verhaltensweisen, erhielt das Delikt der Tierquälerei 77 % bejahende Antworten, das der Kindesmißhandlung dagegen nur 60 % (Verprügeln der Ehefrau: 61 %).[16] Der Kinderschutzbund hat 20 000 Mitglieder, die Tierschutzverbände 500 000.

Eine Münchner Studie an 200 Fällen von Kindesmißhandlungen[17] gibt Aufschluß, daß in jedem zweiten Fall (47 %) das Kind abgelehnt wurde, weil es unehelich zur Welt gekommen oder unerwünscht war. Dazu kommen in den meisten Fällen noch zu kleine Wohnungen und unzureichende sanitäre Verhältnisse.

Doch nicht nur die Väter schlagen ihre Kinder. In vielen Familien, in denen die Mutter vom Vater mißhandelt wird, reagiert sie dann ihre Wut und ihre Verzweiflung an den Kindern ab. Erin Pizzey berichtet, daß die Töchter aus gewalttätigen Familien meistens passiv und kontaktscheu sind, im Gegensatz zu den Jungen, die mehr zu Aggression und Zerstörungswut neigen. Oft identifizieren sich die Jungen mit dem Vater. Sie ahmen den Vater nach und lernen so von klein auf, gewaltsam zu reagieren. Wenn sie erwachsen sind, werden sie mit aller Wahrscheinlichkeit ihre Frau und ihre Kinder ebenso prügeln.

Die Familie – eine Brutstätte der Gewalt

Durch die zu große physische Nähe und gegenseitige Abhängigkeit, verbunden mit der allgemeinen Vereinzelung des Menschen in der kapitalistischen Gesellschaft wird in der Familie ein Reservoir an zwischenmenschlicher Feindseligkeit geschaffen, das für das Überleben »draußen« erforderlich ist. Das empfindliche Gefüge des mit starken Emotionen belasteten Familienverbandes wird durch Macht aufrechterhalten. Diese Macht kann sich je nach sozialer Schichtung unterschiedlich äußern und reicht von offener Gewalt, wie in den geschilderten Fällen, bis zu subtilen Formen des Entzugs von Liebe und materieller Unterstützung.
Über je mehr subtile soziale Mittel der Vater, der Ehemann oder die Mutter verfügen, desto weniger müssen sie direkte physische Gewalt anwenden. Doch die Gewaltandrohung besteht immer. »Herrschaft ist erkennbar als Drohung der Anwendung physischer Gewalt, die als letzte Steigerungsform das Töten ebensosehr einschließt wie unbewußt vorwegnimmt. Vernichtung als allgegenwärtiges Prinzip sozialer Beziehungen, eine Quelle der Deformation der Eltern, strahlt ein auf jedes Neugeborene und wird von diesem später reproduziert.«[18]
Die Gewaltandrohung spielt auch dann eine Rolle, wenn sie nicht sichtbar ist. Denn sie schränkt von vornherein den Handlungsspielraum der Familienmitglieder ein. Das Kind und die Ehefrau wissen, daß der Vater bzw. der Ehemann stärker ist und übertreten erst gar nicht ihre durch die Familie gesteckten Grenzen. Die Gewalt, über die der Ehemann und Vater verfügt, stützt sich nicht so sehr auf seine eigene Stärke als auf die Rückendeckung, die ihm durch die staatlichen Institutionen und kulturellen Normen geboten wird.
In der Familie lernen und üben wir tagtäglich den Gebrauch von Macht. Der Vater lädt die Gewalt, die er in seiner Erziehung gelernt hat und die er am Arbeitsplatz erfährt, an Frau und

Kindern ab. Die Mutter gibt allen Druck, alle Gewalt, die ihr, besonders durch ihren Mann, zugefügt wird, in Form von Erziehung an das Kind weiter. »Ganz privat« lassen sich Vater und Mutter zur Wahrung der herrschenden Ordnung verwenden. Durch die Gewalt des Mannes gegen die Frau wird dem kapitalistischen Staat die Gratisarbeit der Frau im Haushalt und in der Kindererziehung garantiert. Die Gewalt der Eltern gegen die Kinder sichert das Aufwachsen angepaßter Arbeitskräfte, die ihrerseits nur danach streben, selbst eine Kleinfamilie gleichen Typs zu gründen. Und das geschieht alles auf dem Hintergrund einer Ideologie, die Gewaltlosigkeit als höchsten moralischen Wert postuliert.

Frauen wehren sich: Frauenhäuser

Einer der gelungensten Versuche, den Frauen sofort eine Lösung ihrer dringlichsten Probleme anzubieten, sind wohl die Frauenhäuser, die Zufluchtstätten für mißhandelte Frauen und deren Kinder. Die Frauenmißhandlung ist heute zu einem der vorrangigsten Arbeitsbereiche der Frauenbewegung geworden. Frauenhäuser gibt es derzeit in Großbritannien, den USA, den Niederlanden, Frankreich und in der BRD (Berlin, Bremen, Köln). Die angelsächsische Tradition der Gemeinwesenarbeit, liberale Massenmedien und eine Gesetzeslage, nach der besetzte Häuser von der Polizei nicht geräumt werden dürfen (dieses Gesetz wird demnächst vom englischen Parlament aufgehoben werden), waren die günstigen gesellschaftlichen Bedingungen in Großbritannien, die ein rasches Anwachsen der *Women's Aid*-Bewegung (Frauenhilfe) ermöglichten.

Im Jahre 1971 gründete Erin Pizzey, eine liberale »unpolitische« Mittelstandsfrau, die Chiswick *Women's Aid*-Gruppe. Durch viel Öffentlichkeitsarbeit (mißhandelte Frauen erzählten im Fernsehen über ihre Erfahrungen) wurde ihr erstes Frauenhaus bald im ganzen Land bekannt. Sie erhielt Briefe von Frauen aus ganz Großbritannien, die sie zum Teil in ihrem kürzlich auf deutsch erschienenen Buch *Schrei leise* veröffentlicht hat. Später eröffnete sie noch andere Frauenhäuser.

Inzwischen wurde eine *Women's Aid Federation*, eine Dachorganisation der *Women's Aid*-Gruppen, gegründet, die im Juni 1976 bereits auf die stattliche Zahl von 71 Gruppen (16 Gruppen warten auf ihre Aufnahme) angewachsen ist. In ganz Großbritannien gab es bis zum Juni 1976 69 Frauenhäuser.

Die Frauen entscheiden sich erst, ihr Heim zu verlassen und in ein Frauenhaus zu ziehen, wenn die Kinder in Gefahr sind. Manchmal kommen sie, weil sie ein Frauenhaus bereits kennen, viele werden von den Sozialbehörden hingeschickt. Dort haben sie Schutz vor ihren gewalttätigen Männern und können sich in Ruhe und mit der verständnisvollen Zuwendung anderer Frauen erholen, bis sie von ihrem Mann rechtlich geschieden sind und eine Wohnung gefunden haben. Wichtig für die Frauen, die es endlich geschafft haben, ihrer Ehehölle zu entrinnen, ist die rechtliche und psychologische Beratung, die ihnen auf Wunsch angeboten wird, vor allem aber das Gruppenleben mit den anderen Frauen, die ihre Probleme genau kennen. »Zum ersten Mal in meinem Leben kann ich frei mit anderen Frauen sprechen, die dieselben schrecklichen Erfahrungen gemacht haben wie ich. Ich fühle mich nicht mehr verrückt, wie mein Mann mich immer hinstellen wollte.«*

Aber selbstverständlich gibt es auch große Schwierigkeiten im Zusammenleben mit acht oder neun anderen Frauen und deren Kinder auf verhältnismäßig kleinem Raum. Die Frauenhäuser werden von den Frauen, die dort wohnen, selbst verwaltet; der Haushalt, Ausbesserungsarbeiten und Einrichtungsverbesserungen werden von ihnen kollektiv organisiert. Die Frauen, die schon länger dort sind, helfen den neuen bei ihren ersten Eingewöhnungsschwierigkeiten. Einmal pro Woche finden sich alle Frauen zusammen, um über anfallende Probleme zu diskutieren. Einmal pro Woche trifft sich auch die ganze *Women's Aid* Gruppe. Sie arbeiten großteils mit freiwilligen Helferinnen, die meistens nicht in den Häusern wohnen, sie aber regelmäßig besuchen. Für die Kinder, die von der gewalttätigen Zeit zu Hause manchmal sehr verstört sind, gibt es Sozialarbeiter, die sich um sie kümmern. Grundregel ist, daß in den Frauenhäusern keine Männer leben dürfen. Aber für Hilfe im Haus und bei der Kindererziehung sind sie willkommen. Sowohl die Frauen als auch die Kinder haben mit Männern sehr negative Erfahrungen gemacht. Positive Gegenbeispiele und Identifikationsmöglichkeiten sind vor allem für die männlichen Kinder von großer Bedeutung.

* Battered Women Need Refuges, Bericht der National Women's Aid Federation, S. 7.

Heute ist es in Großbritannien schon viel leichter, ein neues Frauenhaus zu eröffnen. Wenn ein Problem schon allgemein bekannt ist, muß es von den Behörden zur Kenntnis genommen werden. Sie können sich nicht mehr darauf ausreden, daß solche Dinge bei ihnen im Bezirk nicht vorkommen. Die Häuser werden entweder von *Women's Lib* oder anderen Aktionsgruppen gegründet, manchmal aber auch von einzelnen Frauen, die über die Bewegung gelesen oder gehört haben.

Finanziert werden die Häuser durch Spendenaktionen, Feste, Flohmärkte, Materialgeschenke von Firmen, Frauenorganisationen und Subventionen. Durch viel Öffentlichkeitsarbeit im Bezirk wird zuerst einmal auf die Notwendigkeit eines neuen Frauenhauses aufmerksam gemacht. Vor Eröffnung eines Hauses ist es oft schwer, Subventionen zu erhalten, aber wenn einmal eines auf die Beine gestellt wurde, wird es meistens aus öffentlichen Geldern unterstützt. Trotzdem kämpfen alle Frauenhäuser mit schweren finanziellen Problemen.

Oft bekommen die Frauen Abbruchhäuser, für die sie keine Miete zahlen müssen. Dann verlangen sie eine Zusicherung, daß sie in einem anderen Gebäude untergebracht werden, wenn das Haus abgerissen wird. Manchmal ist es aber auch nötig, ein Haus zu besetzen, was durch die gesetzliche Lage in Großbritannien leichter zu Erfolg führen kann, als etwa in der BRD oder Österreich. In Canterbury z. B. versuchte eine *Women's Aid*-Gruppe ein Jahr lang die Gemeindebehörden dazu zu bringen, ihnen ein Haus zur Verfügung zu stellen. Schließlich platzte ihnen der Kragen und sie besetzten im November 1975 kurzerhand ein Haus. Danach arbeiteten sie Richtlinien dafür aus, wie eine Besetzung am günstigsten durchgeführt werden kann.

Eines der Probleme der Frauenhaus-Bewegung ist die Gefahr, daß die Frauen durch ihre freiwillige, unter großen persönlichen und finanziellen Opfern geleistete Arbeit den Staat von seiner gesellschaftlichen Pflicht entlasten und der Öffentlichkeit die Möglichkeit bieten, ihr schlechtes Gewissen zu beruhigen. Die Entwicklung in Großbritannien, wo die Frauen von den Wohlfahrtsstellen in die Frauenhäuser »eingewiesen« werden, diese aber gleichzeitig gezwungen sind, durch chronischen Geldmangel immer am Rande der Illegalität zu stehen, scheint in diese Richtung zu weisen. Die Selbsthilfe der Frauen sollte dazu dienen, die Öffentlichkeit auf Probleme aufmerksam zu machen. In großem Rahmen lösen kann sie das Problem keineswegs. Unsere

Forderungen an den Staat oder die Lokalbehörden müssen dahin gehen, durch großzügige und gesetzlich abgesicherte Subventionszahlungen selbstverwaltete Frauenhäuser überall dort möglich zu machen, wo sie nötig sind.

Vergewaltigung

Der Mythos, daß mir so etwas nicht passieren kann

»Du gehst eine Straße in einer Großstadt hinunter, deine eigene Straße. Als du um die Ecke biegst, schaust du rasch die Straße hinauf, inspizierst sie und dann schaust du gleich wieder hinunter auf den Gehsteig, denkst an etwas, machst einen Plan, dann schaust du wieder hoch, um das erste Hindernis zu überprüfen – drei Männer stehen einige Türnummern weiter oben auf dem Gehsteig. Werden sie beiseitetreten, um mich vorübergehen zu lassen? Werden sie etwas sagen? Einer von ihnen fängt deinen Blick auf. Du schaust wieder zu Boden, tust so, als beobachtest du ihn nicht. Es ist immer schlecht, wenn einer dich erwischt, wie du ihn gerade beobachtest. Vielleicht solltest du die Straße überqueren. Ein Blick hinüber sagt dir, daß du auch das nicht tun kannst. Eine Gruppe Jugendlicher lungert vor einem der Häuser. Es ist besser, du versuchst es mit den drei Männern. Du schaust noch immer zu Boden, aber du fühlst den Blick des einen Mannes auf dir ruhen. Du weißt, daß seine Freunde die Konversation unterbrochen haben und beginnen, auf dich aufmerksam zu werden. Du fragst dich, ob sie beginnen werden, über dich zu reden. Du willst nicht an ihnen vorbeigehen müssen, aber du willst auch nicht an den Jugendlichen vorbei. Es wäre zu demütigend offensichtlich, wenn du dich jetzt umdrehen und zurückgehen würdest. Du atmest also tief ein und gehst an den äußeren Rand des Gehsteigs, in der Hoffnung, daß sie dich vorbeilassen werden.

›Na, Puppe, wohin gehst du? Kann ich mitkommen?‹

›Ist dir nicht kalt in dem kurzen Rock?‹

›Komm her, unterhalte dich ein bißchen mit uns. Wir werden dir nichts tun. Du bist aber nicht sehr nett.‹

Du schaust starr zu Boden und gibst vor, sie nicht zu hören, während dein Gesicht vor Scham brennt. Dein Körper wird steif, während du nur darauf wartest, daß eine Hand nach dir langt, doch es gelingt dir, an ihnen physisch unberührt vorbeizukommen. Du beginnst in deiner Tasche nach etwas zu suchen; was du wirklich tust, ist warten, ob hinter dir Schritte zu hören sind. Nichts. Sie werden dir nicht nachgehen. Du hast es geschafft.

Der Weg nach Hause ist nur mehr sehr kurz und zwischen dir und deiner Eingangstür ist niemand mehr auf der Straße. Da gibt es natürlich noch die Gruppe von Jugendlichen auf der anderen Straßenseite, aber die schauen nicht wie eine Bande aus. Sie schauen nicht einmal stark genug aus, die Straße zu überqueren. Wahrscheinlich werden sie bloß etwas sagen, aber du bist genügend weit von ihnen weg, daß es echt wirkt, wenn du sie ignorierst. Trotzdem spannt sich dein Körper an.

Kein Ton. Kein Zischen. Kein Pfeifen. Vielleicht bemerken sie dich nicht einmal. ›He, schau! He du, wohin gehst du?‹

Kommen sie herüber? Nein. Dann ist alles in Ordnung. Du bist zu Hause. Du stehst auf der Stufe vor deiner Eingangstür, hältst den Schlüssel in der Hand. Du gehst in deine Wohnung, läßt dich auf die Couch fallen und entspannst dich. Wieder einmal ist es dir gelungen, ohne größere Schwierigkeiten nach Hause zu kommen.«[1]

Wer von uns erlebt nicht tagtäglich solche und ähnliche Situationen? Sie sind uns so selbstverständlich, daß wir ganz automatisch reagieren, wie im Straßenverkehr. Ebenso wissen wir, daß uns täglich passieren kann, was Dominique im folgenden Bericht beschreibt: »Gestern abend nehme ich wie alle Abende nach Büroschluß um 5 Uhr die Metro. Wie üblich ist der Waggon randvoll mit schwitzenden Sardinen. Ich bin eingezwängt zwischen einer alten Frau mit Hut und einem würdevoll dreinschauenden Herrn in Anzug und Krawatte. Station Concorde. Man drängt noch ein bißchen mehr. Plötzlich spüre ich eine Hand zwischen meinen Schenkeln, die nach oben gleitet, tastet. Scheiße! Schon mehr als drei Monate bin ich nicht mehr in der Metro belästigt worden. Das war zu schön um wahr zu sein!

Ich versuche zu drängen, den Platz zu wechseln. Unmöglich. Es ist zu voll. Rot bis über die Ohren, voller Scham, verwirrt, wage ich nicht, etwas zu sagen. Ich fühle mich schuldig. Weswegen? Weil ich eine Frau bin? Weil ich eine Möse habe?

Ich zwicke die Hand mit aller Kraft, diese schreckliche Phallus-Hand, die mir die Schenkel, die Möse berührt. Ich weiß nicht einmal, wem diese Hand gehört. Ich möchte schreien, alle diese Leute, die mich ersticken, mit den Ellbogen wegstoßen, diese Leute, denen es egal ist, die alle Komplizen einer Vergewaltigung sind, mitten im Gedränge, am hellichten Tag. Meine Augen kreuzen einen belustigten Blick. Er gehört dem würdevollen Herrn in Anzug und Krawatte. Er wirft mir ein zotiges Augenzwinkern zu. Jetzt weiß ich, daß er es ist, der sich immer mehr zwischen meine Schenkel bohrt, das Schwein. Ich schreie: ›Jetzt reicht's aber! Willst du eine Ohrfeige?‹ Dutzende unbarmherzige Köpfe drehen sich nach mir um, mustern mich mit vorwurfsvoller Miene. Und das Schwein in Anzug und Krawatte, dieser schmutzige Vergewaltiger sagt: ›Wofür hält sich die denn eigentlich? Schon wieder eine mit Verfolgungswahn!‹

Und er lacht. Und der ganze Wagen schmunzelt, der ganze Waggon scheißt sich einen Dreck um mich. Ich sehe nur ihre verzerrten Münder, ihre dreckigen Verräterfratzen. Ich glühe vor Scham und steige die nächste Station aus. Ich tobe über meine Ohnmacht. Ein Typ vergewaltigt mich und er hat recht. Habe ich nicht im Waggon Frauen gesehen, ja Frauen, wie ich, mit Brüsten und Schenkeln und Mösen, die über meine Scham, über meine Ohnmacht lachten?

Also hatten sie in Wirklichkeit unrecht, sich zurückzuhalten, diese würdevollen Herren, wenn selbst Frauen ihnen recht geben. Ich ging zu Fuß nach Hause.«[2]

Und wenn wir es erleben, versuchen wir so schnell wie möglich zu vergessen, weil es so widerlich ist, wir uns schuldig fühlen und niemand auf unserer Seite steht. Diese täglichen kleinen Vergewaltigungen, diese uns aufgezwungene sexuelle Intimität ist nichts anderes als Gewalt und eine ständige Drohung, daß uns Schlimmeres passieren kann. Und das wissen wir, und trotzdem gelingt es uns, diese Drohung so weit zu verdrängen, daß viele von uns glauben, mir kann das nicht passieren.

Allein die Zahlen über Vergewaltigung zeigen, wie hoch die Wahrscheinlichkeit ist, daß es gerade mich trifft: brutale Vergewaltigung ist das häufigste Gewaltverbrechen im heutigen Amerika, häufiger als schwere Körperverletzung und Totschlag. In den USA werden jährlich mindestens zwischen 255000 und 510000 Frauen, in der BRD 35000 Frauen, in Italien 11600 Frauen vergewaltigt. Die Tendenz ist steigend. Die genannten Zahlen sind vorsichtige Schätzungen. In Wirklichkeit sind die Zahlen wesentlich höher. Da viele Frauen aus Scham, Angst vor peinlichen Verhören und davor, selber schief angeschaut zu werden, gar nicht erst Anzeige erstatten, sind wir auf Hochrechnungen von den statistisch erfaßten Vergewaltigungen angewiesen. Die Schätzungen vom Verhältnis zwischen bekanntgewordenen und tatsächlich begangenen Vergewaltigungen reichen von 1:5 bis zu 1:10; ohne Berücksichtigung der vom eigenen Ehemann vergewaltigten Frauen. Vergewaltigung in der Ehe ist in den meisten Ländern nicht strafbar.

Um zu zeigen, was diese Zahlen für eine in einer Stadt lebende Frau bedeuten, ein Beispiel: 1972 gab es in Los Angeles laut Polizeistatistik 2205 Fälle von versuchter und vollendeter Notzucht. Nach der Volkszählung gab es 1 256 020 Frauen in Los Angeles. Bei sehr vorsichtiger Schätzung, daß nur jeder zweite Überfall angezeigt wurde, lag die Chance 1972 für jede Frau, daß sie überfallen wird, 3,5:1000. Bei Unterstellung, daß jede Frau – statistisch gesehen – nur einmal in ihrem Leben in eine solche Lage kommt, läßt sich errechnen, daß innerhalb eines Zeitraumes von 30 Jahren die Chance schon 1:10 ist, daß eine Frau in Los Angeles von einem Sexualtäter überfallen wird. Das heißt, daß jede 10. Frau damit rechnen muß, überfallen zu werden.[3]

Kennzeichnend für unsere patriarchale Kultur ist, daß viele Mädchen von ihren Vätern und männlichen Verwandten vergewaltigt, sexuell mißbraucht oder belästigt werden. (Das Inzesttabu wird von Müttern wesentlich seltener gebrochen.) Daß junge Mädchen, die von ihren Eltern abhängig sind, kaum eine Möglichkeit haben, sich zu wehren, liegt auf der Hand. Eine Berufsschullehrerin erzählte uns, daß sie zwar von Vätern und Verwandten aufgezwungenen inzestuösen Beziehungen von Schülerinnen wisse, daß aber die Schülerinnen sie bitten, darüber Stillschweigen zu bewahren. Die Mädchen wissen, was ihnen blüht, wenn die Familie oder Fürsorge erfährt, »was sie da herumerzählen« – Prügel und Ohrfeigen von den Eltern, Einweisung in ein Heim von den Behörden.

Hin und wieder in der Presse sensationell aufgemachte Berichte über ein Mädchen etwa, das sein vom eigenen Vater gezeugtes Kind kurz nach der Geburt erstickt hat, täuschen darüber hinweg, daß besonders in ländlichen Gebieten Vergewaltigungen von Vätern an ihren Töchtern recht häufig sind. Sie erwecken den Eindruck von selten vorkommenden »entarteten« Vätern.

Es gibt eine große Anzahl von Vergewaltigungen, bei denen die Opfer nicht die geringste Chance haben, als solche anerkannt zu werden; das heißt auch, daß wir über den wahren Umfang von Vergewaltigung noch sehr wenig wissen.

Die folgende Zeugenaussage ist ein Beispiel für eine Vergewaltigung, die keine Chance hat, als solche anerkannt zu werden: »Ich ging die rue du Four in Richtung U-Bahn-Station hinunter, weil ich nach Hause fahren wollte. Es war acht Uhr abends. Während ich die Straße überquerte, beobachtete mich ein junger Mann vom gegenüberliegenden Gehsteig aus, taxierte mich und redete mich an. Er war mittelgroß, sah weder gut noch schlecht aus, war bürgerlich konventionell angezogen und trug eine Brille. Er sah aus wie ein Jusstudent. Er war nicht mein Typ. – Verzeihung, mein Fräulein, darf ich Sie begleiten? . . . Entschuldigung, darf ich mit Ihnen reden? Sie werden noch hinfallen! – so redete er auf mich ein. Ich hasse es, wenn man mich ›anredet‹. Das wäre kein Problem, wenn Männer und Frauen gleichberechtigt wären, wenn die Beziehungen zwischen den Geschlechtern von beiden ausgehen könnten. Aber derzeit ist die Frau dabei in erster Linie Sexualobjekt.

Die meisten Männer, die eine Frau anreden, erwarten nicht, daß sie auch ihrerseits den Wunsch äußert, sie kennenzulernen. Sie fangen oft zu reden an, noch bevor sie ihr Gesicht gesehen haben, taxieren vor allem ihren Hintern.

Es war seine Entscheidung, nicht meine. Zuerst habe ich nicht geantwortet, er war mir gleichgültig. Auf Grund meiner drückenden Einsamkeit und seiner Beharrlichkeit habe ich schließlich geantwortet. Ich habe gemerkt, daß es mir Spaß macht zu reden, nicht allein gehen zu müssen. Er wollte von Anfang an etwas ganz anderes, viel später hat er es mir bestätigt. Es war ein Plan, an dem weder mein Verhalten noch meine Zusagen noch meine körperliche Abwehr etwas hätten ändern können. Als er mir vorschlug, mit ihm einen Kaffee trinken zu gehen, ging ich darauf ein, sagte ihm aber, ich würde nach einer halben Stunde gehen – ich sah darin für mich nur eine Unterbrechung meiner Einsamkeit, ein Gespräch, ich erwartete mir nicht den Beginn einer Freundschaft. Nun ging es erst richtig los. – Ich kenne ein Café ein bißchen weiter weg von hier, sagte er. Er führte mich zu seinem Auto und öffnete mir die Tür, ohne mich nach meiner Meinung zu fragen.

Es war das erste Anzeichen, daß er mir seine Stärke beweisen wollte. Eigentlich hätte ich mich hier schon weigern müssen, ins Auto einzusteigen. Bis zu dem Augenblick war ich nach außen hin frei, ich betone ›nach außen hin‹, denn wenn ich mich geweigert hätte, in sein Auto zu steigen, wäre es ein Beweis dafür gewesen, daß ich nicht frei genug bin, ein Risiko einzugehen. Wenn eine Frau nur die Wahl hat, allein zu bleiben oder ihre Freiheit zu riskieren, ist sie nicht frei.

Zunächst weigerte ich mich einzusteigen. Ich sagte, ich würde lieber in ein Café in der Nähe gehen, das wäre einfacher usw. Ich tat so, als ob das Auto eine praktische Schwierigkeit darstellte. In Wirklichkeit gebrauchte ich nur einen Code. Er verstand ihn sofort und antwortete:

– Na, Sie werden doch nicht etwa Angst haben! Ich fress' Sie schon nicht auf usw. –

Ohne es ausdrücklich zu sagen, hatte ich zugegeben, daß ich Gefahr spürte, und er hatte sie sogar ausgesprochen, wenn auch in Form der Verneinung. Wir taten beide so, als wäre uns die Stellung der Frau als Sexualobjekt unbekannt, als ob gewisse Möglichkeiten nicht existierten. Als ich sagte, ich fände das Auto nicht ›bequem‹, sprach ich *wie eine freie Frau*, für die sich nur das praktische Problem stellt.

Tatsächlich lehnte ich unbewußt aus zwei Gründen ab: einerseits wegen der Möglichkeit, von dem Mann in seinem Auto vergewaltigt zu werden, andererseits wegen der möglichen Auslegung meines Verhaltens, wenn ich in das Auto einstiege; diese Auslegung ist Teil des ›Codes‹: im Grunde hatte ich Angst, daß mein Verhalten als Aufforderung gewertet würde, obwohl ich es gar nicht so meinte.

Genauer gesagt, ich befürchtete, der Mann könnte so tun als würde er mein Verhalten als sexuelle Aufforderung auffassen, um sich für eine eventuelle Gewaltanwendung leichter rechtfertigen zu können. Durch seine Interpretation meines Verhaltens wäre sein Angriff keine Aggression mehr.

Meine dunkle Furcht war Ausdruck der gewohnten Realität. Frauen werden nie als Opfer männlicher Aggression gesehen, sondern immer nur als deren Komplizinnen. So wird die Unterdrückung der Frau geleugnet.

Man spricht der Frau jegliche Freiheit ab, man gesteht ihr keine sexuelle Autonomie zu. Alle ihre Äußerungen werden vom Filter des männlichen Wunschdenkens zensuriert. Alles wird zweideutig ausgelegt, als ›Verlangen und Weigerung‹ zugleich, als Unterwerfung, nicht Entscheidung.

Die Leugnung der Unterdrückung der Frau ist für die Gesellschaft ein Mittel, die Frau zu erpressen, um sie in ihrer Unterdrückungssituation festzuhalten. Die Erpressung des Mannes bestand darin, meine Furcht, als Sexualobjekt behandelt zu werden, lächerlich zu machen.

Lehnt eine Frau eine Beziehung ab, gilt sie als eiserne Jungfrau, als kleinbürgerlich, und wenn sie das Opfer einer Beziehung wird, ist sie noch dazu die Schuldige, denn sie hätte ja von vornherein mißtrauisch sein müssen.

In meinem Fall hat mir der Mann zweimal meine Naivität vorgeworfen: vor der Vergewaltigung, weil ich so dumm war und zögerte, in das Auto einzusteigen, und nach der Vergewaltigung, weil es mir von vornherein hätte klar sein müssen.

Man muß die männliche Erpressung anprangern, die die Abwehr der Frau gegen eine als sexuelle Freiheit verschleierte Aggression als ›verletztes Schamgefühl‹ oder als ›Verdrängung‹ bezeichnet. Viele Pseudorevolutionäre verwechseln die sexuelle Freiheit mit der Freiheit der Männer auf Kosten der Frauen.

Ich habe dem verlogenen Gerede des Mannes geglaubt, ich habe geglaubt, frei zu sein, weil ich es wollte! Ich wollte in den Wagen eines Unbekannten einsteigen können, um mit ihm einen Kaffee trinken zu gehen, ohne daß diese Absicht anders verstanden würde.

Ich war beunruhigt, weil ich nicht wußte, wohin wir fuhren, doch Marc wiederholte immer wieder, er kenne ein Café ein Stück weiter draußen. Inzwischen begann er das ›Spiel der Wahrheit‹; ich machte mit, ohne den Nutzen vorauszusehen, den er daraus ziehen würde.

Er fragte mich nach meinem Sexualleben. Anfangs hat mich das nicht gestört, doch dann wurde er immer obszöner. Das war das zweite Anzeichen seiner Aggression. Es war an sich eine sexuelle Aggression. Auch Worte sind Mittel, um sich eines anderen Körpers zu bemächtigen. Auch das ist Vergewaltigung. Das habe ich ihm übrigens auch gesagt, weil ich glaubte, rechtfertigen zu müssen, daß ich keine weiteren Antworten geben wollte (was müssen Frauen nicht alles erklären!).

Zu diesem Zeitpunkt wurde mir klar, daß der Mann mich nicht in Ruhe lassen würde. Aber keine Sekunde lang – bis zum letzten Augenblick nicht – hatte ich es für möglich gehalten, daß er mich tatsächlich vergewaltigen würde. Ich sagte ihm (immer noch diese Vorwände!) es sei schon spät und ich möchte nach Hause. Ich wollte bei der nächsten Kreuzung aussteigen, er sagte aber, er könne nirgendwo stehenbleiben und wir wären bald da. Er hielt irgendwo in Joinville vor einem kleinen abgelegenen Haus. Ich ging mit hinein, wollte aber gleich wieder zurückgebracht werden. Ich war naiv, aber darum geht es hier nicht!

Er hat dann Platten aufgelegt, wir haben uns an einen Tisch gesetzt, und er gab mir einen Whisky. Wir sprachen ganz harmlos über Filme und Platten. Er hat seine Hand auf mein Knie gelegt, und ich bin weggerückt. Er hat es noch einmal versucht, ich bin noch weiter weggerückt.

Warum willst Du denn nicht? Willst Du denn nicht flirten? Nein, sagte ich, das war eigentlich nicht meine Absicht. Dann hättest Du nicht mitkommen dürfen, antwortete er. Von diesem Argument beflügelt, setzte er seine Versuche fort. Ich wurde wütend.

– Ist schon gut, ich hör' ja schon auf! Komm, setz Dich aufs Bett, das ist viel bequemer.

Ich habe mich aufs Bett gesetzt. Das war eine große Dummheit von mir. Vielleicht hatte ich die magische Reaktion, der Gefahr ins Auge zu blicken, um sie abzuwenden. Es schien mir, daß ich durch Furcht und zuviel Gegenwehr seine Absicht, Gewalt anzuwenden, nur verstärken könnte.

Im Grunde hätte nichts etwas geändert. Sobald ich mich gesetzt hatte, warf er mich aufs Bett und versuchte mich gewaltsam zu küssen. Ich schlug um mich, ich packte meine Sachen und floh zur Tür. Er erwischte mich, hielt mich fest und warf mich wieder aufs Bett. Er versuchte neuerlich, mich zu küssen. Da biß ich ihn in den Daumen. Ich biß ganz fest zu. Wütend sprang er auf und starrte auf die offene Wunde und das Blut.

– Verdammte Schlampe! Warum hast du das getan?

Ich erklärte, kühl-intellektuell, daß ich mich nur verteidigt hätte.

– Dazu hast du kein Recht. Schließlich und endlich habe ich dir nichts getan. Ich habe dir nicht wehgetan.

Er jammerte über seinen verletzten Daumen, schüttelte mich und schlug auf mich ein.

– Hör mir gut zu, Kleine. Wenn du jetzt noch die Widerspenstige spielst, dann wirst du deine blauen Wunder erleben! (Er schlägt mir mit der Faust ins Gesicht.) Ich kann dir leicht mit der Zigarette ein Loch in die Wange brennen. Ich kann dich bewußtlos schlagen. Ich bin der Stärkere.

In diesem Augenblick packte mich die Verzweiflung. Ich brach in Tränen aus. Er sagte so etwas Ähnliches wie: Heul nicht. Das nützt dir jetzt gar nichts.

Ich faßte mich wieder, versuchte, ihm ins Gewissen zu reden. Ich erklärte, unter diesen Bedingungen sei es doch gar nicht ›interessant‹ für ihn, mit mir ins Bett zu gehen.

Marc antwortete, er hätte sich schon vorgenommen, mich zu ›haben‹, als er mich entdeckte und daß er mich ›kriegen‹ würde. Ich erwog, ob ihn eine längere Gegenwehr hindern würde, mich körperlich zu vergewaltigen. Dann dachte ich, vielleicht bin ich einem Verrückten in die Hände gefallen, der mich umbringt, oder daß er mich zumindest arg zusammenschlagen würde, was außer den Schmerzen noch zur Folge haben würde, daß ich meinen Eltern erklären würde müssen, warum ich blau geschlagen und verschwollen bin usw. Wieder wäre ich die Schuldige . . .

Das alles schoß mir in wenigen Sekunden durch den Kopf, und es erschien mir schrecklicher, als die Sache über mich ergehen zu lassen, zu warten, daß es vorbei ist. Ich wollte weder sterben noch die Spuren einer Gewaltanwendung mit mir herumtragen. Auf alle Fälle war ich bereits durch die Brutalität und die Demütigung vergewaltigt.

Dann dachte ich an das Risiko, schwanger zu werden. Ich sagte es ihm. Erstaunlicherweise ging er darauf ein:
– Aber sicher passe ich auf! Ich bin doch kein Kind mehr!
Offensichtlich meinte er, er könne seine Ehre in meinen Augen wiederherstellen.

Das Ganze dauerte 30 Sekunden.

Ein Freund, dem ich die Geschichte erzählte, fragte mich – zu meinem größten Erstaunen –, ob es mir Spaß gemacht hätte. Das beweist mir, daß es für ihn keinen großen Unterschied gibt zwischen Vergewaltigung und ›Liebe machen‹. Das gilt für alle Ehemänner, die sich über die Frigidität ihrer Frauen beklagen, von denen sie die Erfüllung der ›ehelichen Pflichten‹ fordern.

Nachher hatte Marc doch glatt die Frechheit, sich enttäuscht zu zeigen und mich zu fragen, ob es für mich nicht schön gewesen sei! Als ich schüchtern und vorsichtig anklingen ließ, ob er mich nach Hause fahren wolle, hatte er die noch größere Unverschämtheit, mich zu fragen, ob ich nicht die Nacht über bei ihm bleiben wolle.

Er leugnete einfach die Realität der eben stattgefundenen Vergewaltigung. Ich fühlte nur Haß und das unbändige Bedürfnis, zuzuschlagen.

Ich war immer noch das Opfer der Erpressung durch das Recht des Stärkeren. Ich flüchtete mich in die Intellektualität und ließ mich über ihn ›aufklären‹, ließ ihn von sich erzählen; er sagte, daß er Mädchen immer so behandeln würde, ob sie einverstanden sind oder nicht, daß aber die meisten ›akzeptieren‹.

Im Auto rechtfertigte er die Vergewaltigung mit der ›natürlichen Unterlegenheit der Frauen‹. Sobald er nur den Mund aufmachte, kam eine Demütigung heraus. Als er mich in Paris absetzte, war ich so steif vor Aggression, daß ich nicht einmal die Autotür zuknallen konnte.«[4]

Der Mythos des verantwortlichen Opfers

»Immer aber erfolgt das ›auslösende Signal‹ vom Opfer. Bewußt, wie bei einem Flirt oder unbewußt durch das Frausein allein, durch die Kleidung, vielleicht nur durch ein Lächeln.«[5]
Diese »Erkenntnis« stammt aus einer Studie über 150 Vergewaltigungsfälle, 1976 erstellt von dem Darmstädter Sexualwissenschaftler und Frauenarzt Günter Hartmann.
Hartmann spricht aus, worum es bei der Angst vor Vergewaltigung geht, wie man es kürzer und klarer nicht mehr sagen kann. Jede Frau soll Angst vor Vergewaltigung haben. Wie immer eine Frau sich verhält, sie muß sich dessen bewußt sein und bleiben, daß letztlich immer sie selbst schuldig ist, wenn sie vergewaltigt wird. Vergewaltigung und die ständige Vergewaltigungsdrohung sind Massenterrorismus, der die Freiheit der Frauen begrenzt und sie abhängig von Männern macht.
Hartmann gibt ein Beispiel: »Durch den Hilfeschrei eines Teenagers, der knapp einer Notzucht entkam, herbeigelockt, stürzt ein Mann herbei und vergewaltigt das verschreckte Mädchen.«[6]
Bei diesem Beispiel packt Hartmann nicht etwa das Grauen, kaltblütig spricht er auch hier die Frau schuldig. »Anblickstat«, nennt er das Verbrechen an der jungen Frau. Und – »abrupt in einer wortlosen Attacke« – durch die junge Frau ausgelöst. Immerhin macht er darauf aufmerksam, wie absurd es sein kann, bei einem Mann Schutz vor einem Vergewaltiger zu suchen.
Die Angst vor Vergewaltigung lernen wir schon früh. Als kleine Mädchen lernen wir von unseren Müttern, daß Männer uns Böses antun wollen. Die Angst vor Vergewaltigung wird zum ständigen Bestandteil unseres Lebens. Wehren aber sollen wir uns nicht. Nachts von der Straße fernbleiben, anspruchslos und passiv werden, Männer nicht provozieren, ist die Antwort auf die permanente Vergewaltigungsdrohung.
Aus Frauen, die wegen einer Vergewaltigung zu Gericht gehen, werden immer Angeklagte. Entweder wird gar nicht erst anerkannt, daß eine Vergewaltigung stattgefunden hat, oder man wirft dem Opfer vor, mindestens für die Tat mitverantwortlich,

wenn nicht überhaupt schuld daran zu sein. Das Leben des Opfers wird untersucht. Und hier wird fein differenziert. Je niedriger die Sozialschicht, desto geringer ist die Chance für ein Vergewaltigungsopfer, als solches anerkannt zu werden.

Angehörige von Minderheiten, lesbische Frauen, Prostituierte haben kaum eine Chance, von Umwelt und Gerichten als Vergewaltigungsopfer anerkannt zu werden.

Rasch[7], der von der Staatsanwaltschaft bearbeitete Fälle von Gruppenvergewaltigungen untersuchte, stellte fest, daß Fälle, die mangels Tatverdacht eingestellt wurden, regelmäßig Frauen aus niedriger Sozialschicht waren.

Allen Frauen zur Warnung werden aus Prozessen gegen Vergewaltiger von Frauen, die vom weiblichen Rollenverhalten abweichen, Prozesse gegen die abweichenden Frauen. Ein Beispiel ist die folgende Zeugenaussage von Anne und Araceli, zwei Frauen, die sich dem gesellschaftlichen Zwang zur Heterosexualität nicht unterwerfen. Sie waren vergewaltigt worden und hatten den Mut, Anzeige zu erstatten. Sie standen schließlich selbst vor dem Richter, als Frauen, die eine »gerechte« Strafe dafür erhalten hatten, daß sie dem weiblichen Rollenverhalten nicht angepaßt waren. Daß es Anne und Araceli dennoch gelungen ist, als Vergewaltigungsopfer anerkannt zu werden, haben sie einer Kampagne von Frauen der Frauenbewegung zu danken. Die folgende Aussage ist auch ein Beispiel dafür, daß Vergewaltiger im allgemeinen »normale« Männer, »traurig normale« Männer sind. Dies bestätigt auch die Studie von Amir[8], der bei einer Prüfung der klinischen Profile von sexuell Abweichenden und Vergewaltigern keinen klinischen oder psychopathologischen Fall feststellen konnte.

Anne und Araceli, Aussage zweier lesbischer Frauen, die ihren Urlaub in Südfrankreich verbrachten und in der Nähe von Marseille campierten: »In der Nacht des 21. August 1974 wurden wir gegen ein Uhr früh plötzlich durch ein starkes Licht geweckt. Wir schliefen in einem kleinen Zelt. Es sind drei Männer, die unter dem Vorwand, daß sie den Weg nach Marseille nicht kennen, uns fragen, ob sie bei uns schlafen können. Wir lehnen ab. Sie lachen. Sie reden mit uns. Aber die Atmosphäre ist klar, sie beginnen ihre Absichten zu definieren: zwei junge Frauen in den Ferien brauchen Männer, um sie angenehm zu verbringen. Wir verstehen. Einer von ihnen versucht, ins Zelt einzudringen. Wir schlagen ihn mit einem Hammer. Wir tauschen Faustschläge

Tod einer Dirne: Strafe reduziert

Statt acht nur dreieinhalb Jahre / Bundesgerichtshof empfahl „Sondertatbestand"

Verurteilt wegen Totschlages zu acht Jahren Freiheitsstrafe in der ersten Instanz, hat der 38jährige Schlosser Klaus Dunger am Dienstag nach der vom Bundesgerichtshof angeordneten Neuauflage seines Falls ein wesentlich milderes Urteil erhalten: wegen Totschlages im minderschweren Fall verhängte die Frankfurter Schwurgerichtskammer lediglich drei Jahre und sechs Monate Freiheitsentzug.

Der Beweisaufnahme zufolge hatte Dunger in der Nacht zum 20. März 1973 in einem Frankfurter Hotelzimmer während eines Streites die Prostituierte Helene Kunzmann mit zwölf Messerstichen getötet. Unmittelbar vor der Tat hatte Frau Kunzmann den Angeklagten als „dreckigen Zuhälter" bezeichnet und ferner als „Versager im Bett" beschimpft.

Dunger hatte Frau Kunzmann, mit einem Körpergewicht von 104 Kilogramm bei einer Körpergröße von nur 1,63 Metern eine stattliche Erscheinung, zwei Wochen vor der Tat auf dem Frankfurter Strich kennengelernt.

Sie suchte damals einen neuen „Beschützer", und Dunger fand sich bereit, die Rolle des Zuhälters zu übernehmen. Von Anfang an bestimmte Streit die Beziehung.

„Während üblicherweise der Zuhälter die Prostituierte beherrscht, war es in diesem Fall umgekehrt", erläuterte Vorsitzender Richter Theodor Haller am Dienstag in der Urteilsbegründung einige der Ursachen für die zahllosen Konflikte zwischen Frau Kunzmann und dem Angeklagten. Am Ende kam es schließlich bei Dunger zur Affekt-Entladung: Blindlings stach er auf Frau Kunzmann ein, „weil ich das Gekeife und Gezeter nicht mehr hören konnte."

Wie der Bundesgerichtshof es in seinem Revisionsbeschluß angeregt hatte, entschied sich am Dienstag nach zweitägiger Verhandlungsdauer auch die Frankfurter Schwurgerichtskammer: Dunger wurde der Sondertatbestand des Totschlages im minderschweren Fall zugestanden, der für den Täter in Frage kommt, wenn er sich beispielsweise nach schweren Kränkungen zur Tat hinreißen läßt.

Der in diesem Gesetz festgelegte Strafrahmen konnte von der Kammer noch weiter heruntergesetzt werden, nachdem Dunger von dem Sachverständigen, Professor Joachim Gerchow, verminderte Zurechnungsfähigkeit attestiert worden war. Auf doppelte Verwertung eines mildernden Umstandes, der heute untersagt ist, konnte das Gericht insofern zurückgreifen, als Dungers Tat vor dieser Gesetzesänderung lag.

Nach der Urteilsbegründung erklärten sich Dunger und sein Verteidiger, der Frankfurter Rechtsanwalt Lutz Simon, sofort bereit, das Urteil anzunehmen. Somit ist das Dunger-Urteil nunmehr rechtskräftig geworden. Nach der Entscheidung des Gerichtes hätte Dunger sogleich am Dienstag aus dem Gefängnis entlassen werden können, doch hätte er sich dann zur Restverbüßung von zwei Monaten bald wieder im Vollzug einfinden müssen. Er bleibt nun weiter acht Wochen im Gefängnis, um seine Entlassung vorzuziehen, von der er sich einen neuen Start verspricht. Lepp aus. Wir schreien ›Hilfe‹ so laut wir können, trotz der Angst, die uns die Kehle zuschnürt. Sie bedrohen uns.

Die Polizeiaufzeichnungen bestätigen, daß in der Nähe campierende Leute uns gehört haben. Aber sie glaubten, daß es Jugendliche waren, die sich unterhielten. Man sagte uns, daß wir ›Feuer‹ hätten schreien sollen, um die Leute aus ihren Zelten zu holen . . .

Diese drei Männer waren gekommen, um ›ihre beleidigte Männlichkeit zu rächen‹, nachdem sie zwei Tage vorher bei uns abgeblitzt waren. Diese Rache gestanden sie ein. Sie erklärten es stolz, als etwas ganz Natürliches, etwas, das ihnen zustand, eine Ehrenbezeugung, die wir akzeptieren müßten.

Es folgten Stunden des Albtraums, während denen sie drohten, uns zu töten, in Stücke zu schneiden, ins Meer zu werfen. Sobald wir versuchten, uns zu wehren, schlugen sie auf uns ein. Am Ende unserer Kräfte angelangt, erschöpft, starr vor Angst, umgebracht zu werden, ›gaben wir nach‹, wie sie das bezeichnen. Nach dem Kampf, den Schlägen, den Bedrohungen war das der einzige Moment, an dem wir nicht mit gleicher Kraft (siehe das Gesetz!) Widerstand leisteten. Und dieses Nachlassen unserer Widerstandskraft wird vom Untersuchungsrichter – eine Frau! – als Zustimmung unsererseits gewertet. Alles andere *zählt nicht mehr.*

Das Gericht wandelte die Vergewaltigung in einfache Körperverletzung um. Übrigens ist das eine gängige Methode bei Klagen auf Vergewaltigung. Die Frau muß beweisen, daß sie wirklich vergewaltigt wurde. Der beste Vergewaltigungsfall ist dann, wenn die Frau tot oder mit vaginalen Verletzungen aufgefunden wird. Um eine Vergewaltigung nachweisen zu können, müssen die folgenden Bedingungen erfüllt werden:

1. mindestens einmal um Hilfe geschrien zu haben
2. sich während des gesamten Aggressionsaktes mit gleicher Kraft gewehrt zu haben
3. im Zustand der Wehrlosigkeit aufgefunden worden zu sein (z. B. mit zusammengebundenen Armen und Beinen)
4. einen Zeugen zu haben.

Die Tatsache, daß man noch lebt, wird bereits als Zeichen der Einwilligung gewertet. Aber Vergewaltigung ist weit mehr als das gewaltsame oder nicht gewaltsame Eindringen des Penis; wir haben sie während aller Handlungen und Beleidigungen, die der Vergewaltigung vorausgingen, erlebt.

Wir liefen zur Gendamerie. Man fragte uns: ›Führen Sie Klage?‹

›Ja!‹ Auf diese Antwort hin nimmt der Rechtsweg seinen Anfang. Es ist sechs Uhr früh. Man schickt uns ins Spital, alleine, in einer Stadt, die wir nicht kennen. Im Spital hört man uns kaum zu, man schickt uns von einer Stelle zur nächsten. Nach eineinhalb Stunden findet man uns ein Bett. Der Stationschef kommt mit seinen Studenten. Er zeigt ihnen, wie man ein Gutachten anfertigt, denn mit dem Gesetz muß man sehr vorsichtig umgehen, um keine Schwierigkeiten zu kriegen. ›Man kann mit dem Finger durch das Hymen dringen‹, also sind wir keine Jungfrauen, also kann das Ganze nicht so schlimm sein. Glücklicherweise kommen drei Ärztinnen und machen uns einen Scheidenabstrich. Dieser muß innerhalb von 5 Stunden durchgeführt werden, sonst ist es nicht mehr möglich, die Spermien festzustellen.

Trotz chemischer Analyse, die Spermien feststellen konnte, reichte der Beweis nicht aus. Eine von uns beiden wurde schwanger. Sie mußte abtreiben. Ein weiterer Schock. Auch das reichte nicht aus . . .

Fünf Tage später müssen wir uns einer medizinischen Untersuchung durch zwei Gerichtsmediziner unterziehen. Die Untersuchung dauert zwei Minuten für eine, bei der anderen findet sie überhaupt nicht statt. Am nächsten Tag werden wir zum Untersuchungsrichter gerufen, eine ekelhafte, unmenschliche, kalte, trockene, aggressive Frau. Die Art der Fragen, die sie uns stellt, lockt uns in Fallen, z. B.:

– Lieben Sie das Leben?

– . . .

– Beeilen Sie sich, ich habe es eilig, ich habe keine Zeit zu verlieren. Ja oder nein?

– Ja, ich liebe das Leben.

Diese einfache Antwort wird von ihr so interpretiert: ich habe es vorgezogen, mir physische Gewalttaten gefallen zu lassen, als ein auch noch so geringes Risiko für mein Leben einzugehen. Neuerlicher Beweis für unsere Einwilligung. Die Tatsache, daß wir homosexuell sind, wurde vom Gericht als eine Provokation und eine neuerliche Beleidigung der Männlichkeit der drei Männer bewertet. Im Wartezimmer des Untersuchungsrichters versucht der Vater einer der Männer, uns zu kaufen. Er bietet uns Geld an, damit wir schweigen. Sein Sohn hätte sozusagen etwas Landluft gebraucht, er sei sehr nervös.

Im September 1975 (ein Jahr nach der Tat) bringt uns die Milderung der Vergewaltigung in einfache Körperverletzung vor ein Bezirksgericht. Wir plädieren auf Unzuständigkeit dieses Gerichtes. Unsere Anwältinnen weigern sich, vor Gericht zu erscheinen, solange die Klage auf Vergewaltigung nicht anerkannt wird. Das Gericht erklärt sich drei Wochen später unter dem Vorsitz einer Frau für unzuständig und überstellt unseren Prozeß an die nächsthöhere Instanz. Das war unser erster Sieg. Die drei Männer legten Berufung ein. Sie sind nicht einverstanden. Sie verteidigen sich noch immer mit einer Einwilligung unsererseits. Der Berufungsprozeß fand im Februar in Aix-en-Provence statt. Und wir gewannen ihn wieder: das Berufungsgericht überstellte die drei Männer an ein Geschworenengericht. Es ist Vergewaltigung, endlich wird es als Vergewaltigung anerkannt. Also ist es ein Verbrechen.

Was können wir aus diesem Sieg, dessen Seltenheit betont werden muß, lernen?

1. Im allgemeinen wird die Klage auf Vergewaltigung bei kleinen Mädchen und alten Frauen anerkannt. Zwischen diesen Grenzfällen ist die Frau für die ihr angetanen Gewaltakte selbst verantwortlich. So wird es interpretiert. Schuld ist einzig und allein ihre Existenz als Frau, die Tatsache, daß sie frei ist.

2. Wenn es uns gelungen ist, einen solchen Sieg zu erringen, so ist das nur der Solidarität der Frauen aus vielen Ländern Europas zu verdanken, die Telegramme geschickt haben, Unterschriften gesammelt haben, die vom Anfang an im Gerichtssaal dabei waren. Ohne diese Unterstützung hätten wir es nie geschafft, Abstand von unserer Vergewaltigung zu gewinnen, so daß wir heute darüber sprechen können.

3. Vergewaltiger sind *ganz gewöhnliche, traurig gewöhnliche* Männer. Die drei Männer, die uns vergewaltigten, waren 24, 25 und 30 Jahre alt. Letzterer ist Vater von fünf Kindern. Sie sind auf den Straßen, in den Cafés, am Arbeitsplatz, in den Wäldern, an den Reiserouten, überall. Man hat uns vorgeworfen, daß wir gegen diese drei Klage geführt haben, weil sie Proletarier und nicht Mittelschichtmänner sind. Sie vergessen, daß eine von uns auch aus der Arbeiterklasse kommt.

4. Für diesen Prozeß, den wir als einen politischen bezeichnen, brauchen wir viel Unterstützung von Euch in Euren Ländern. Wir brauchen finanzielle Hilfe, denn wir können diesen Prozeß im Geschworenengericht, wo man sehr viele Zeugen braucht, nicht selber tragen. Wir brauchen eine starke Solidarität in Form von Telegrammen, persönlichen Briefen und der Anwesenheit von Frauen im Gerichtssaal.

Unser Ziel ist es nicht, härtere Strafen zu fordern, das ist das Problem der Gerichte. Außerdem waren es die Männer, die die Gefängnisse erfanden. Sollen sie sich damit befassen. Jede Vergewaltigung muß in der Presse veröffentlicht werden, mit den Namen der Vergewaltiger. Wir müssen auch ein Maximum an finanzieller Vergütung verlangen und mit diesem Geld Gruppen organisieren, die bereit sind, mißhandelte, vergewaltigte Frauen aufzunehmen und ihnen bei ihrem Prozeß *bis zum Ende* beizustehen.«

Weitere Vergewaltigungsmythen

Es gibt eine ganze Reihe sehr populärer Mythen zum Verbrechen Vergewaltigung, die dazu dienen, Frauen, die durch ihre Erziehung bereits zu potentiellen Opfern gemacht worden sind, zu wehrlosen Opfern zu machen. Sie bewirken auch, daß die Ächtung der Gesellschaft weniger den Täter als das Opfer trifft.

Die Vorstellung, daß Frauen einen versteckten Wunsch nach Vergewaltigung haben, zeigt sich unter anderem in der Flut von detaillierten Schilderungen von Vergewaltigungen in Zeitschriften und Filmen, die dem Vergnügen des »Vergewaltigers im Lehnstuhl« dienen, wie Susan Griffin Männer nennt, die nie brutale Vergewaltigung begehen würden, aber dennoch sexuelles Vergnügen aus Gewalt gegen Frauen beziehen.

Ihre Rechtfertigung finden solche Vorstellungen teilweise in der Wissenschaft. Vorstellungen, daß Frauen Vergewaltigung insgeheim genießen, herausfordern, daß Männer einen stärkeren Sexualtrieb haben als Frauen, Vergewaltigung daher ›natürlich‹ ist, daß keine gesunde Frau vergewaltigt werden kann, wenn sie nicht will, geistern durch die Literatur, die sich mit Sexualkriminalität befaßt.

Butzmühlen[9] hat sich in seiner Arbeit über Vergewaltigung die Mühe gemacht, eine Reihe von Arbeiten von Medizinern, Psychiatern, Verhaltensforschern und Juristen auf die zum Thema Vergewaltigung vorhandenen Erklärungsansätze hin zu untersuchen. Sie reichen vom biologischen ›Trieb- und Instinktmodell‹, nach dem das menschliche Sexualverhalten weitgehend biologisch festgelegt ist, infolgedessen auch Vergewaltigung durch eine biologisch bedingte Koppelung von Sexualität und Gewalt beim Mann und einer ihm angeborenen leichten sexuellen Erregbarkeit durch den Anblick von Frauen erklärbar ist – bis zum Konzept vom ›weiblichen Masochismus‹, nach dem die Koppelung von sexueller Lust an Schmerz und Leid ein charakteristisches Merkmal der Frau ist.

Die Annahme, Frauen könnten eine Vergewaltigung genießen und würden sie unbewußt wünschen, wird nicht nur von den Klassikern der Psychoanalyse vertreten. »Masochismus ist weiblich; Weiblichkeit ist masochistisch. Es ist überaus klug, Masochismus und Leiden als spezifisch weiblich zu beschreiben. Dies drückt nicht nur die männliche Einstellung gegenüber weiblichen Funktionen aus (sie sind schmerzhaft, erniedrigend, usw.), es rechtfertigt auch jede vorstellbare Dominierung oder Demütigung, die der Frau damit als ›natürlich‹ auferlegt werden kann. Denkt man diesen Gedanken logisch zu Ende, dann ist die schlechte Behandlung für Frauen nicht nur gut, sondern genau das‹, was sie wollen; die ›Geschichte der O‹ ist eine extreme Folgerung aus einer solchen Annahme. Man könnte keine bessere Rechtfertigung dafür finden, ein Opfer weiterhin zu quälen. Als zusätzliche Attraktion ist die Grausamkeit außerdem noch erotisch, denn sie entspricht angeblich der Natur beider Partner. Aufgrund dieser Theorie eines angeborenen weiblichen Masochismus findet beinahe jede Grausamkeit gegen Frauen eine Entschuldigung. Freud wäre wohl entsetzt gewesen, hätte er über die Möglichkeiten nachgedacht, die aus solcher Charakterisierung für Frauen oder jede andere benachteiligte Gruppe erwachsen.«[10]

Mit dem der Frau angeblich angeborenen Masochismus läßt sich auch heute noch bequem erklären, warum bei allgemein sexualfeindlicher Erziehung der Mann seine Aggression an der Frau ausläßt. Unter anderen hat sich hier Dieter Duhm hervorgetan, ein ›kritischer‹ Autor, dem die Kritikfähigkeit bei der Beschäftigung mit Vergewaltigung zugunsten einer zynischen Frauenfeindlichkeit abhanden kommt, wenn er sich fragt, warum Frauen etwas gegen Vergewaltigung unternehmen, wo sie sie doch insgeheim genießen. Duhm schreibt: »In den Berichten vergewaltigter Frauen kehrt fast regelmäßig ein Element wieder: sie empfanden ganz unerwartet große Lust, und kamen oft sogar zum Orgasmus, einige zum ersten Mal in ihrem Leben. Sie genießen es, wenn der Trieb gewaltsam befriedigt wird, der sonst durch Angst blockiert ist. Ihre unbewußte Liebe zum Vater trug vermutlich schon früh den unbewußten Wunsch in sich, vom

Vater vergewaltigt zu werden. Dieser Wunsch äußert sich seit der Pubertät immer wieder in wollüstigen Vergewaltigungs-phantasien. . . . Erst bei der Vergewaltigung werden die geheimen Wünsche ganz erfüllt. Die sexuelle Erregung kann dann auch bei solchen Frauen zum Orgasmus führen, die vorher frigide waren.«[11]

An seine durch nichts belegte Behauptung schließt Duhm eine ernste Warnung an alle aktiven Frauen: »Die meisten Frauen haben bewußte oder unbewußte Vergewaltigungswünsche, auch diejenigen, die sich nicht mehr als ›Sexualobjekt‹ behandeln lassen wollen. Bei vielen Frauen, vor allem bei vielen Genossinnen, hat sich eine auffallende Überempfindlichkeit dagegen entwickelt. Der Haß auf die Männer, welche die Frauen angeblich nur als Sexualobjekt ansehen, läßt sich moralisch, politisch oder emanzipationstheoretisch leicht begründen. Aber gerade im Sinne der Emanzipation der Frau wäre es ratsam, sich nicht voreilig mit solchen allzu einseitigen Begründungen zu begnügen. Was nach außen aussieht wie ein Kampf gegen die Gemeinheit der Männer oder der Gesellschaft, ist fast immer auch ein unbewußter Kampf gegen die eigenen verpönten Wünsche nach masochistischer Befriedigung.«[12]

Was es mit den Vergewaltigungsträumen auf sich hat, die immer wieder für die verdrängten Wünsche der Frauen als Beweis herangezogen werden, zeigen etwa die Angaben Kinseys und seiner Mitarbeiter[13], die 7789 Frauen befragt haben – und aus denen sich entnehmen läßt, daß nur ein verschwindend geringer Teil der Frauen (weniger als 1 Prozent) je Vergewaltigungsträume hatte; eher haben Frauen Verführungsträume, die sich aus dem Zwang der Frau zu Passivität bei Eingehen einer Beziehung erklären lassen.

Zudem werden Vergewaltigungsträume bei Frauen oft als real erlebte Vergewaltigung, die die Frau verdrängt hat, aber im Traum zu bewältigen versucht, analysiert. Aber keinesfalls lustvoll oder »wollüstig«, sondern albtraumhaft als Angriff und Bedrohung.

Was den stärkeren Sexualtrieb des Mannes betrifft, haben die verschiedensten Untersuchungen als auch umfangreiches ethnologisches Material längst belegt, daß Sexualität und insbesondere die ›typisch weiblichen‹ und ›typisch männlichen‹ Ausformungen von der jeweiligen Gesellschaftsformation abhängig sind. Ford und Beach (1968), Margaret Mead (1970) u. a. berichten über Kulturen, in denen Frauen ebenso aktiv sind wie Männer, die Aufforderung zum Geschlechtsverkehr sowohl vom Mann als auch von der Frau ausgehen darf, von Gesellschaften, in denen die Frauen die Liebesverhältnisse beginnen, von Gesellschaften, in denen es kein Wort für Vergewaltigung gibt, da sie nicht vorkommt. Margaret Mead über die Arapesh: »Die Arapesh kennen keine Vergewaltigung; sie wissen lediglich, daß es bei den südöstlich von ihnen beheimateten Nugum etwas so Unerfreuliches gibt. . . . Ihre Auffassung von der männlichen Natur läßt keinen Raum für Vergewaltigung.«[14]

Die Opfer von Vergewaltigung haben meist auch unter langfristigen Folgen zu leiden, körperlich wie seelisch. Das Vergewaltigungstrauma wird Untersuchungen und Aussagen zufolge ähnlich verarbeitet: als unmittelbare Reaktion akutes Leiden, Schock, Schrecken, emotionaler Zusammenbruch und Angst. Als zweite Phase rein äußerliche Überwindung des Geschehenen und Anpassung an das Alltagsleben, gekennzeichnet durch ein hohes Maß an Verdrängung. In der dritten Phase Depressionen, das Bedürfnis, sich mitzuteilen und das Herumschlagen mit (im allgemeinen) unbegründeten Schuldgefühlen.

Es gibt Frauen, die Selbstmord begehen, weil sie die mit einer Vergewaltigung einhergehende Selbstverachtung und damit Unfähigkeit, danach eine heterosexuelle Beziehung einzugehen, nicht verkraften können.[15] Es gibt Frauen, die mit Vaginismus und Dyspareunie (besonders schmerzhafter Geschlechtsverkehr) reagieren.[16]

Der Mythos vom sexuellen Motiv des Vergewaltigers

Die weitaus größere Gruppe der Sexualverbrecher handelt aus Haß gegen das weibliche Geschlecht. Das beweist die Intensivstudie des israelischen Kriminologen Amir an 646 Vergewaltigungsfällen, die in den USA durchgeführt wurde. Das zeigen Aussagen von Vergewaltigern und Frauenmördern, das zeigen die Aussagen von Vergewaltigungsopfern.

»1957 sagte der wegen mehrerer Sexualattentate und zweier Morde verhaftete Alfred Engleder vor Kriminalbeamten aus: ›Ich wollte die Erniedrigung durch einen erzwungenen Geschlechtsverkehr zu einer vollkommenen machen.‹ An seine Frau schrieb er später: ›Für mich ist der Wert einer Frau gleich einer

Zigarette, die man einige Zeit genießt, dann aber in den Kot wirft und zertritt.‹ ›Engleder‹, so kommentiert Staatsanwalt Dr. Werner Olscher später in seinem Buch *Lebenslänglich*, ›ist eigentlich nicht das, was man gemeinhin unter dem Begriff Lustmörder versteht, also ein Täter, der seine sexuelle Befriedigung beim Tod seiner Opfer findet. Er selbst hat ausgesagt, daß es ihm weniger um die Befriedigung seines Sexualtriebes als um die Stillung seines Vernichtungs-, Zerstörungs-, und Aggressionstriebes geht. Im Vordergrund steht der aus Haß geborene Wunsch, sein Opfer zu demütigen, zu quälen und schließlich zu vernichten.‹‹ [17]

Barbara Büchner beschreibt, wie sich dieser mörderische Haß gegen Frauen auswirkt: Im gerichtsmedizinischen Protokoll zum Fall Ilona Faber ist nachzulesen: »Blutunterlaufungen in der Scheitel- und Schläfengegend, Bißverletzungen am Hals und an beiden Brüsten, Kratzer und Würgespuren, Blutergüsse in den Halseingeweiden und einen Bruch des Zungenbeins, eine Verlegung der Luftröhre und des Magens mit Erde und Schleim, Verletzungen und Zerreißungen im Genitalbereich.«

Verletzungen ähnlicher Art wurden bei fast allen Todesopfern nach Notzuchtverbrechen festgestellt – und zwar Verletzungen, die nicht allein durch das Niederhalten des Opfers gesetzt werden, sondern einen gezielten, oft wiederholten Zerstörungsakt darstellen, der in vielen Fällen sogar noch an den Toten fortgesetzt wurde. Professor Roland Graßberger, ein konservativer Kriminologe dazu: »Oft erkennt man schon am Tatort, ob ein Sexualverbrechen vorliegt. Der Täter läßt sein totes oder noch lebendes Opfer regelmäßig in einer besonders entwürdigenden Stellung zurück.« In den meisten Gerichtsprotokollen der spektakulären Notzuchtverbrechen der letzten Jahre finden sich Aussagen der Täter, die von einem mörderischen Frauenhaß sprechen. [18]

Hans Christoph Buch berichtet in einem *konkret*-Artikel: »So erklärten vor kurzem zwei Familienväter, die eine siebzehnjährige Anhalterin entführt und vergewaltigt hatten, vor einem Frankfurter Gericht, sie hätten ihr Opfer geschlagen und mißhandelt, weil sie eine ›Stinkwut‹ auf alle Frauen gehabt hätten. Als das Mädchen ihnen freiwillig anbot, was sie mit Gewalt nehmen wollten, ging es ihnen wie zu Hause im Ehebett: sie konnten plötzlich nicht mehr.« [19]

Einen grauenhaften Höhepunkt der Kombination Sexualität und Gewalt in Form von Frauenhaß, stellt, gepaart mit Profitstreben ein amerikanischer Pornofilm dar, in dem ein ahnungsloses Mädchen real ermordet wird. Der Farbfilm zeigt, wie ein junges Mädchen im Liebesakt erstochen, zerstückelt und geköpft wird. Erschreckend die Reaktion von Männern. Über sich selbst schockiert schreibt Hans C. Buch in *konkret*: »Als ich die Schlagzeilen in der *Bild-Zeitung* las, blieb mir einen Moment lang die Luft weg. Ich spürte ein würgendes Gefühl im Hals. Bei der Vorstellung dessen, was ich las, wurde mir abwechselnd heiß und kalt. Es erregte mich, so wie mich als Kind der Anblick von Pin-up-Fotos, später der von Pornographie erregt hatte – die Grenze des Unerlaubten, Anstößigen hatte sich unmerklich verschoben. Ich schämte mich meiner Erregung und konnte sie doch nicht unterdrücken. Erst später setzte der Verstand wieder ein. Was war geschehen?« Und seine Vermutung über die Reaktion des Publikums: »Was soll's, werden die Leute nach einiger Zeit sagen, wenn sich die erste Aufregung gelegt hat, dem armen Mädchen können wir doch nicht mehr helfen, warum schauen wir uns den Film nicht mal an, ganz unvoreingenommen, versteht sich. Bald wird man fachmännisch das Sterben des Mädchens begutachten und sich über die Todesangst in seinen Augen amüsieren; wenn sie gekonnt stirbt, avanciert sie nachträglich noch zum Star.«[20]

Der Mythos von Vergewaltigung als impulsiver Tat

Auch die Vorstellung vom Vergewaltiger als einem Mann, der plötzlich von sexuellen Bedürfnissen überwältigt, über eine Frau herfällt, stimmt mit der Wirklichkeit nicht überein. Hinter dieser Vorstellung steht die Annahme, daß jeder Mann vergewaltigen würde, wenn es keine sozialen Schranken gäbe, das heißt Vergewaltigung »natürliches« Verhalten ist. Wir meinen dagegen, daß Vergewaltigung – als Bestandteil unserer Kultur – erlernt wird. Untersuchungen weisen nach, daß Vergewaltigungen meistens sorgfältig geplant sind. Nach den Ergebnissen von Amirs Studie[21] waren 71 % aller Vergewaltigungen geplant, das heißt 90 % der Gruppenvergewaltigungen, 83 % der Vergewaltigungen durch Paare und 58 % der Einzelvergewaltigungen waren geplant.
Vergewaltiger (ausgenommen bei Gruppenvergewaltigungen und Vergewaltigungen, bei denen Opfer und Täter einander

kennen) sind darauf angewiesen, daß ihre Opfer möglichst einge-
schüchtert, schwach und angreifbar sind und daß sie selber die
Kontrolle über die Situation behalten. Entsprechend suchen sie
auch Opfer und Situationen aus.

James Selkin[22] analysierte das Vorgehen von Sexualverbrechern:
er stellte fest, daß der potentielle Täter zuerst nach einer Frau
sucht, die er für wehrlos hält; manche schauen nach Opfern aus,
die körperlich behindert oder geistig zurückgeblieben sind, sie
verfolgen etwa ältere Frauen oder Frauen, die unter Alkoholeinfluß stehen, oder steigen in Häuser ein, um schlafende Frauen zu
überfallen. Andere Täter vergewissern sich, daß ihr Opfer allein
ist, so daß er nicht gestört werden kann.

Nachdem eine schutzlose Frau und ein sicherer Platz gefunden
sind, wird die Frau getestet, ob sie einzuschüchtern ist. Wenn sie
ängstlich und unterwürfig reagiert, droht er ihr, daß er sie töten
wird, wenn sie nicht mitmacht. Wenn eine Frau sich nicht ein-
schüchtern läßt, erscheint es ihm oft leichter, sich ein neues Opfer
zu suchen, als sich auf einen Kampf einzulassen.

Auch sexistische Wissenschaftler weisen, wenngleich ungewollt,
darauf hin, daß Vergewaltigung meistens ein sorgfältig vorberei-
tetes Verbrechen ist und Vergewaltigungsopfer sorgsam ausge-
wählt werden. Diese Tatsachen werden hier nur anders genannt:
eine Frau, die etwa Alkohol trinkt, provoziert bereits den Vergewaltiger im Mann. Den Aussagen des Wiener Kriminologen
Konrad Schima[23] etwa können wir entnehmen, daß Notzuchtfäl-
le, bei denen Frauen zum Zeitpunkt der Tat unter Alkoholeinfluß
standen (nach amerikanischen Studien mehr als die Hälfte der
Frauen, nach deutschen etwa ein Drittel), von diesen selbst
herbeigeführt wurden. Auch eine Frau, die sich womöglich von
einem Mann zu einer Spazierfahrt einladen läßt oder gar die
Wohnung eines Mannes aufsucht, läßt sich Vergewaltigung-pro-
vozierendes Verhalten zuschulden kommen.

Dem Gedanken folgend, daß Vergewaltigung eine von der Frau
selbstverschuldete Bestrafung für zu freies Verhalten ist, darf es
nicht wundern, wenn es mit Abneigung aufgenommen wird,
wenn eine Frau sich gewehrt hat: »Ich wehrte mich. Ich stieß den
Kerl mit den Füßen in den Unterleib und schlug ihn kranken-
hausreif. Ich zertrat dem Schwein die Eier und damals war ich
erst 17. Also gab es kein Notzuchtverbrechen, aber fast einen
Totschlag. Das sagte mir die Polizei; wenn der Kerl gestorben
wäre, wäre ich des Totschlages angezeigt worden. Kann man

sich das vorstellen? Ich sagte der Polizei, daß ich ihn wegen
versuchter Vergewaltigung anzeigen wollte, und sie sagten: ›Haben Sie dem armen Kerl nicht schon genug angetan?‹ Ihre Sympathie war auf seiner Seite. Sie sagten mir, ich wäre ein verrückter feindseliger Hippie.‹«[24]

Auch Vergewaltiger selber betrachten sich selbstverständlich
nicht als Gefahr für die Hälfte der Menschheit. Sie halten hartnäckig an dem Glauben fest, daß Frauen gerne vergewaltigt
werden. Selbst überführte Täter, die lange Freiheitsstrafen absitzen, leugnen die Strafwürdigkeit ihres Handelns, und man kann
von ihnen hören, daß sie sich für die besten Liebhaber der Welt
halten.[25]

Vergewaltiger haben bezeichnenderweise im Gegensatz zu anderen Sexualverbrechern einen hohen Rang in der Gefängnishierarchie.

Der Mythos, daß keine Frau vergewaltigt werden kann, wenn sie nicht will

Die Daten von Amir zeigen, daß die Mehrheit der Vergewaltigungen unter Mordandrohung erfolgt. In 87 % der Fälle trägt
der Vergewaltiger entweder eine Waffe bei sich oder er bedroht
die Frau mit Mord; in den meisten anderen Fällen werden die
Frauen geschlagen, brutal geprügelt, stranguliert.[26]

Es gibt eine Menge Autoren, die behaupten, daß eine Frau nicht
vergewaltigt werden kann, wenn sie nicht will, und bei Polizei,
Staatsanwalt und Gericht muß man damit rechnen, daß ihr nicht
geglaubt wird, manchmal mit dem zynischen Argument, daß
man ja auch einen Faden nicht durch das Loch einer Nähnadel
bekommt, wenn sie nicht stillhält.

Dazu die Zeugenaussage einer Frau aus Brüssel: »Ich heiße Eve,
und ich wurde im Laufe eines Abends von drei Männern vergewaltigt. Ich möchte erzählen, was ich jetzt fühle. Während der
Vergewaltigung habe ich überhaupt nicht das Gefühl eines physischen Schmerzes gehabt. Was ich am stärksten fühlte, war der
Blick des anderen, der mich als menschliches Wesen negierte. Ich
war kein Mensch mehr, ich war nur ein Objekt, sein Objekt. Für
mich besteht die Vergewaltigung nicht nur, wie es das Gesetz
vorsieht, ausschließlich aus einem physischen Akt, sondern in
der Absicht des Vergewaltigers, in dem Gewaltakt, der sich auch
noch nach dem reinen physischen Akt fortsetzt. Wir werden

moralisch vergewaltigt, durch endlose Verhöre. Wir sind gezwungen, über die allerkleinsten Details zu sprechen. Weil man verlangt, daß die vergewaltigte Frau ihre Vergewaltigung beweist. Und oft wenden sich diese Beweise gegen sie. Die Tatsache, daß man Verletzungen in der Vagina hat, wie ich es hatte, wird nur als ein etwas brutaler sexueller Akt gewertet, aber sonst als ganz normal. ›Eine Frau kann nicht vergewaltigt werden‹, sagte der Untersuchungsrichter. Meine Klage beim Polizeikommissariat auf Vergewaltigung wurde nicht festgehalten. Anerkannt wurde nur die Klage auf Körperverletzung.

Die Justiz versteht nicht, warum eine Frau, die vergewaltigt wurde, nicht den Beweis eines übermenschlichen Widerstandes erbringen kann, warum sie nicht während und nach der Vergewaltigung völlig ruhig ist. Während des Verhörs darf sie nicht zusammenbrechen. Für die Polizei bedeutet es, wenn sie zusammenbricht, daß sie lügt, und nicht, daß sie eine traumatisierende Situation hinter sich hat.

Ich selbst hatte oft das Bedürfnis, alles fallen zu lassen, aufzugeben, um nicht immer wieder diese Episode neu erleben zu müssen. Die Justiz nimmt nur das Protokoll des reinen physischen Aktes auf. Sie will das Problem nicht lösen. Deshalb klage ich alle Gerichte der Vergewaltigung an. Wir haben nicht den Mut, uns den Polizisten, den Untersuchungsrichtern zu stellen, wenn wir alleine sind. Deshalb appelliere ich an die Solidarität der Frauen. Allein wäre es mir nie gelungen, Anzeige zu erstatten und mich den Männern auszuliefern. Denn wir sind immer nur mit Männern konfrontiert: Polizisten, Ärzten, Richtern. Die Vergewaltigung, so wie sie juristisch definiert wird, beschränkt sich auf den physischen Akt des Eindringens des Penis in die Vagina gegen den Willen des Opfers, aber das wirkliche Verbrechen ist die Vernichtung der Frau als menschliches Wesen durch den Mann. Ihr Widerstand wird gebrochen durch eine sexuelle Folter, sowohl physisch als auch psychisch.«

Sogar Amir, den seine selbst erhobenen Daten vom Gegenteil überzeugen müßten, schreibt: »In gewisser Weise ist das Opfer immer Ursache eines Verbrechens . . . Wenn das Opfer auch nicht alleine verantwortlich ist für den Ausgang des unglücklichen Ereignisses, so stellt es doch zumindest einen ergänzenden Faktor dar.«[27]

Zu jenen, die keine Hilfe bieten, gesellen sich schließlich noch die Ehemänner. Manchmal brechen sie die Beziehung zu ihrer Frau ab, oft werten sie Vergewaltigung als eheliche Untreue. Der Viktimologe Stephen Schafer etwa sagt: »Wenn meine Frau vergewaltigt würde, ich weiß nicht, wie ich ihr verzeihen könnte. Obwohl ich im Unrecht bin.«[28]

Der Mythos, daß Vergewaltigung nur unter Fremden geschieht

In fast der Hälfte der Fälle kennen Vergewaltiger und Opfer einander. Vermutlich sind es mehr, da Frauen desto seltener Anzeige bei der Polizei erstatten, je enger die Beziehung zum Vergewaltiger ist. In der Untersuchung von Amir kannten Opfer und Täter einander in mehr als einem Drittel der Fälle. Die Beziehung reichte von einer flüchtigen Bekanntschaft (gemeinsamer Arbeitsplatz, Wohnen in der gleichen Gegend) über die Nähe einer Nachbarschaftsbeziehung bis zum engen persönlichen Freund oder Mitglied der Familie.

So kann man sich einen typischen Fall von Vergewaltigung vorstellen:

● Die Frau ist 19, sie arbeitet als Sozialberaterin im Mädchentrakt einer amerikanischen gemischten Universität. Es ist ungefähr zwei Uhr nachmittags und sie befindet sich in einem isolierten Teil des Universitätsgebäudes. Ihr Vergewaltiger ist ein junger verheirateter Mann, der an der Universität unterrichtet.

● Die Frau ist 17 und Mittelschülerin. Es ist ungefähr vier Uhr nachmittags. Der Vater ihres Freundes hat sie in seinem Auto nach der Schule abgeholt, um sie zu ihrem Freund zu fahren. Er bleibt vor seinem Haus stehen und sagt ihr, sie solle im Auto warten. Nachdem er den Wagen in die Garage gefahren hat, vergewaltigt sie dieser 37jährige Vater von sechs Kindern.

● Die Frau ist 39, von ihrem Mann getrennt, Mutter von fünf Kindern. Ihr Vergewaltiger bricht mitten in der Nacht in ihr Haus ein. Er stellt sich als der Ehemann einer Freundin heraus, ein Vater von mehreren Kindern.

● Die Frau ist 20 und arbeitet seit kurzem in einem neuen Job. Ihr Boß bittet sie, an einem Feiertag ins Büro zu kommen, um bei der Inventur mitzuhelfen. Als sie ankommt, ist sonst niemand dort. Ihr Boß, ein etwa 30jähriger Mann, vergewaltigt sie.

● Die Frau ist 16, eine Mittelschülerin. Sie hat ein Rendezvous mit einem Studenten, den sie ziemlich gut kennt. Er fährt mit ihr in eine isolierte Gegend und vergewaltigt sie.

● Die Frau ist 23. Sie fährt autostop. Ein freundlicher Mann in einem neuen roten Lastwagen nimmt sie mit. Er spricht mit ihr ruhig und respektvoll, bis er von der Hauptstraße abbiegt, in einen Feldweg fährt, ein Messer herauszieht und sie vergewaltigt. Das ist »Teil des Spaßes beim Autostoppen« meint er, als er auf die Hauptstraße zurückfährt, »weil es weit ist und ich ein netter Kerl bin.«[29]

Oder so: der Bericht einer französischen Teilnehmerin am Brüsseler Kongreß. »Ich wurde vom besten Freund meines Vaters vergewaltigt, als ich 14 Jahre alt war. Das ganze war für mich sehr traumatisierend, nicht nur wegen der Vergewaltigung selbst, sondern vor allem wegen der Zurückweisung, die ich von seiten meiner Eltern erfuhr. Dann war ich auch voll von Schuldgefühlen. Am nächsten Tag drängte mich der Mann in eine Ecke und beschimpfte mich als Schlampe, Hure, usw. Und als ich darüber zu sprechen versuchte, als ich versuchte, zu erzählen, was mir widerfahren war, passierte mir wieder das gleiche: ob es denn wahr sei, ob es mir wirklich passiert sei, offensichtlich sei ich es gewesen, die ihn entflammt hatte . . . Also entweder war ich die Schuldige oder man weigerte sich überhaupt, meine Lage anzuerkennen. Man hat damals meine Person vollkommen geleugnet . . .«

Vergewaltigung in der Ehe

»Die Ehe ist ein Vertrag über ein Besitzverhältnis mit Nutzungsrecht.« (Karin Schrader-Klebert 1969)

Vergewaltigung in der Ehe ist in fast keinem Land (Ausnahmen etwa Schweden und Norwegen) strafbar. Diese Tatsache macht deutlich genug, was vom Gesetz geschützt werden soll: nicht der Wille der Frau und ihr Selbstbestimmungsrecht über ihren Körper, sondern die Frau als Sexualobjekt ihres augenblicklichen oder zukünftigen Ehemannes. Das heißt, Vergewaltigung ist ein strafrechtlich zu verfolgendes Verbrechen, weil die männlichen Besitzrechte auf den weiblichen Körper geschützt werden sollen. Aufschlußreich in diesem Zusammenhang ist die italienische Gesetzgebung: in Italien wird Vergewaltigung mit Gefängnis zwischen 3 und 10 Jahren bestraft. Wird einmal Klage geführt, kann sie nicht mehr zurückgezogen werden. Wenn allerdings ein Opfer seinen Vergewaltiger heiratet, kann er nicht mehr verurteilt werden. War er bereits verurteilt, wird das Urteil für ihn und alle Personen, die an dem Verbrechen beteiligt waren, nichtig. Da bis vor einigen Jahren in manchen Regionen Italiens eine vergewaltigte Frau »entehrt« war und keinen Anspruch auf eine »normale« Ehe hatte, waren viele Frauen gezwungen, eine Ehe mit dem Vergewaltiger einzugehen.

Folgerichtig betrachtet sich ein Ehemann, der seine Frau vergewaltigt, nicht als Vergewaltiger, sondern als jemand, der auf seinem Recht besteht. Wie kann ein Mann das stehlen, was ihm bereits gehört?

Wenn bestraft wird, dann umgekehrt: »Mit dem Ja-Wort vor dem Standesamt übernimmt sie die Verpflichtung, dem Ehemann jederzeit ihren Körper für geschlechtlichen Verkehr zur Verfügung zu stellen. Ausnahmen sind nach der gängigen Rechtsprechung allenfalls gestattet, wenn sie krank ist, vielleicht gerade das Mittagessen kocht (unmögliche Situationen) oder wenn es sich um besonders abartige und damit unzumutbare Stellungen handelt, die von ihr verlangt werden. Gibt es medizinische Hindernisse, weshalb die Frau den ehelichen Verkehr nicht vollziehen kann, ist sie verpflichtet, diese schnellstens beseitigen zu lassen. Dabei muß sie, wenn nötig, auch eine Operation auf sich nehmen, soweit es sich um ein zumutbares Risiko handelt. So hatte sich eine Frau ›während der ganzen mehrjährigen Ehe einem ordnungsgemäßen Verkehr hartnäckig widersetzt und entzogen‹ (ein Hamburger Gericht) weil sie zu eng gebaut war, aber eine operative Scheidenerweiterung nicht machen ließ; sie wurde schuldig geschieden.«[30]

Jede fünfte Frau in der BRD, das heißt, mehr als zweieinhalb Millionen Ehefrauen, wurden mindestens einmal von ihren Ehemännern vergewaltigt. Das ergab eine Studie des Demoskopie-Instituts Allensbach, die im Auftrag der Illustrierten *stern* erstellt wurde.

Laut Gesetz muß eine Ehefrau auch dann ihrem Mann ihren Körper zur Verfügung stellen, wenn sie nicht dazu in Stimmung ist. »Einfach hinlegen und die Zeitung lesen gilt nicht . . . Der Mann hat ein Recht darauf, daß sie sich lustvoll gebärdet.«[31] Mehr als die Hälfte der vergewaltigten Ehefrauen sagten, »Ich lasse es über mich ergehen, weil ich sonst tagelang seine schlechte Laune zu spüren bekomme.« Etwas mehr als ein Drittel berichten: »Er hat mich einfach gepackt und ist über mich hergefallen.« Ein Viertel der Frauen sagen: »Er hat mich festgehalten, so daß ich mich nicht rühren konnte.« Drei Prozent der Frauen gaben an, von ihren Männern mit Schlägen zum Geschlechtsverkehr gezwungen worden zu sein.

Auf die Frage, wie sie dazu stehen, daß Männer oft denken, daß die Frau beim Geschlechtsverkehr gern überwältigt werden möchte, antworteten mehr als die Hälfte der Frauen: »Das mag ich nicht sehr, Zärtlichkeit ist mir lieber.« Für sexuell besonders aufregend halten diese Vorgangsweise des Mannes 6 % der Frauen. Allein diese Daten zeigen, wie nahe beieinander »normale« Sexualität und Vergewaltigung sind.

Die Vergewaltigungsgesetze

Ehegesetze und Vergewaltigungsgesetze stehen, wie gezeigt, in einem engen Zusammenhang. Das alleinige Zutrittsrecht des Ehemannes zum Körper seiner Frau, die durch den Ehevertrag verbriefte Garantie ihrer Keuschheit anderen Männern gegenüber, fordert eine strenge Bestrafung von Männern, die dieses Gesetz gewaltsam durchbrechen. Vergewaltigung in der Ehe ist nicht strafbar. Sie wird explizit aus dem Strafrecht der meisten Länder herausgehoben. Interessant ist, daß etwa in Frankreich ein Mann nur verurteilt werden kann, wenn er seine Frau zu einem »widernatürlichen Akt« zwingt. Die Verletzung der kulturell sanktionierten Form des heterosexuellen Geschlechtsverkehrs ist strafwürdiger als die gewaltsame Erzwingung des ehelichen Beischlafs. Ist eine Frau nicht Besitz eines Mannes, genießt sie weniger Schutz als die Ehefrauen. So ergab eine israelische Studie, daß bei Witwen und geschiedenen Frauen die Rate der Verurteilungen von Vergewaltigern am geringsten war[33].

Sich eine Frau gegen ihren Willen aneignen, sie als Eigentum benutzen, sie mit Gewalt zu einem Akt zwingen, der per definitionem zweier Personen bedarf, sie also als leblosen Körper behandeln, ist wohl die schlimmste Form seelischer und körperlicher Gewalt. Die Rechtsprechung in allen patriarchalischen Ländern geht an der Bedeutung dieser mörderischen Gewalt gegen die Integrität der Frau – die es ja eben nicht zu schützen gilt – bewußt vorbei.

Für eine Frau ist die Definition von Vergewaltigung recht einfach: jede Form des gewaltsamen sexuellen Übergriffs auf ihren Körper, jeder Eingriff in ihre Privatsphäre ohne ihre Einwilligung stellt eine gezielte Verletzung ihrer emotionellen, physischen und geistigen Integrität dar und ist deshalb ein feindlicher, entwürdigender Gewaltakt. Doch der Beschränktheit der phallischen, auf Fortpflanzung ausgerichteten Sexualität entsprechend wird Vergewaltigung bloß als das mit Gewalt oder Gewaltandrohung herbeigeführte Eindringen des Penis in die Vagina gegen den Willen der Frau verstanden. »Ein Mann, der zu vergewaltigen versucht, aber nicht eindringt, ist kein Vergewaltiger« (französische Rechtsprechung). Das Eindringen mit anderen »Instrumenten«, geschweige denn die psychische Kränkung, die der Frau angetan wird, gelten höchstens als Körperverletzung.

Auf Vergewaltigung nach obiger Definition stehen hohe Strafen: bis zu 10 Jahren in der Bundesrepublik, in Frankreich zwischen 10 und 20 Jahren, in manchen Bundesstaaten der USA bis zu lebenslänglich. Das Strafausmaß ist ein Hinweis dafür, wie hoch die Männer ihren sexuellen Besitz zu versichern wünschen.

Da aber die von den Männern definierte weibliche Sexualität den Wunsch, brutal *genommen* zu werden, mit einschließt, hat es die Rechtsprechung schwer, zwischen »normaler« Sexualität und Vergewaltigung zu unterscheiden. Also muß die Frau den Nachweis erbringen, daß sie sich gewehrt hat. Doch da es die Sexualrolle der Frau vorschreibt, immer nein zu sagen, wenn sie in Wirklichkeit ja meint, muß sie sich schon ganz ordentlich wehren, will sie, daß man ihr glaubt. »Eine Frau, die unter Androhung von Waffengewalt oder Schlägen nachgibt, willigt ein« (französische Rechtsprechung).

Das australische *Crimes Act* verfügt: »Die Zustimmung einer Frau zum Geschlechtsverkehr mag zögernd, unwillig oder unter Tränen erfolgt sein, doch wenn sie ihn bewußt zuläßt, ist es keine Vergewaltigung«. Und um es noch deutlicher zu machen, heißt es im Strafrecht von Queensland: »In einem Sexualdelikt gegen eine Frau oder ein Mädchen muß der Richter die Geschworenen in einer direkten und klaren Sprache davon unterrichten, daß es gefährlich ist, eine Verurteilung aufgrund der unbelegten Aussage von Frauen oder Mädchen auszusprechen . . . ›die Erfahrung der Gerichte hat gezeigt, daß Frauen und Mädchen aus verschiedenen Gründen, und manchmal ohne Grund, unwahre Geschichten erzählen . . .‹«

Das israelische Strafrecht untersagt jede Verurteilung wegen Vergewaltigung ohne erhärtendes Beweismaterial, eine Anforderung, die nur bei Sexualdelikten besteht. Doch selbst eine

Schwangerschaft gilt oft nicht als hinreichender Beweis. Die siebzehnjährige Viviane, die am 17. Juni 1976 in Paris von ihrem Chef vergewaltigt wurde, hatte die drei vom Gesetz vorgeschriebenen ärztlichen Zeugnisse als Beweisgrundlage. Doch ihre Anzeige ging nicht durch. Ja, im Gegenteil, sie selbst wurde wegen Mittäterschaft der Körperverletzung ihres Vergewaltigers angezeigt: sie war dabei gewesen, als ihr Verlobter ihrem Chef einige Faustschläge versetzte. Wie schwierig, ja schier unmöglich es für eine Frau ist, zufriedenstellendes Beweismaterial zu erbringen, läßt sich an der Verurteilungsrate in New York City ablesen. Im Jahre 1971 gab es 2415 Anzeigen, die zu 1085 Verhaftungen führten; davon kamen 100 Fälle vor Gericht; 34 Vergewaltiger wurden freigesprochen, 18 wurden verurteilt[34]. 1974 wurde die Beweiserbringungspflicht in New York aufgehoben. Doch Untersuchungen zeigen, daß es die Staatsanwälte ohne Beweise selten auf ein Verfahren ankommen lassen; denn, unabhängig von der jeweiligen Gesetzgebung, weigern sich die Geschworenen – in den meisten Fällen überwiegend Männer – ohne Beweismaterial Verurteilungen auszusprechen.

Doch bis zum Staatsanwalt kommt es nur sehr selten. Eine israelische Studie ergab, daß aus 184 Anzeigen 11,4 % durch die Polizei und 42,9 % durch die Bezirksrichter eingestellt wurden[35]. Australierinnen berichten: »Irene, eine achtundzwanzigjährige alleinstehende Mutter wurde 1975 in Queensland vergewaltigt. Sie entschloß sich, gegen ihren Vergewaltiger vorzugehen und unterzog sich den erforderlichen Prozeduren: ärztliche Untersuchungen, Polizeiverhöre usw. Drei Tage nachher wurde sie von zwei Detektiven besucht, die ihr eine Anzeige wegen Verleumdung überreichten. Die Entscheidung, daß sie nicht vergewaltigt worden war und nur die Zeit der Polizei vergeudete, wurde nach einem Gespräch mit dem Vergewaltiger und seinen Zeugen getroffen. Also wurde das Opfer Irene zur Angeklagten. Sie wurde zu 180 Dollar Strafe verurteilt und bekam eine einjährige Bewährung«.

Die kulturellen Normen der patriarchalischen Gesellschaft, die Vergewaltigung als selbstverschuldeten Arbeitsunfall des Frauseins, wenn nicht gar als lustvolles Erlebnis einstufen, bewirken, daß auch formal egalitäre Gesetze kaum zum Tragen kommen.

»Wenn zwei Männer miteinander hadern und des einen Weib läuft zu, daß sie ihren Mann errette von der Hand dessen, der ihn schlägt, und streckt ihre Hand aus und ergreift ihn bei seiner Scham, so sollst du ihr die Hand abhauen und dein Auge soll sie nicht verschonen.« Moses 5, Kap. 25/11

Opfer werden wir nicht erst, wenn wir gewalttätig angegriffen werden, zu Opfern werden wir systematisch erzogen. Diese Erziehung ist so erfolgreich, daß wir heute gewohnt sind, die verletzbarste Stelle am männlichen Körper als Waffe des Schreckens gegen uns zu sehen.

»Die ideale Frau vermeidet es, direkte physische Gewalt anzuwenden – und verzichtet damit auf ihre eigene Selbsterhaltung. Psychologisch ist die Selbsterhaltung genau das, was das Patriarchat den Frauen verbietet. Die ideale Frau wird traditionell dazu erzogen, zu ›versagen‹, der ideale Mann wird dagegen auf ›Sieg‹ dressiert (das heißt, psychologisch werden die Frauen darauf programmiert, zu sterben, die Männer darauf, zu überleben). Und die Frauen sind dazu erzogen, den Opferaltar bereitwillig zu besteigen.«[36]

Weder körperlich noch seelisch werden wir darauf vorbereitet, uns gegen Gewalt zur Wehr zu setzen. Wir entwickeln unsere Körperkräfte nicht voll, noch können wir sie realistisch einschätzen. Wir lernen keine Kampftechniken, wie jeder Junge sie von klein auf trainiert. Ein muskulöser Frauenkörper widerspricht den herrschenden Vorstellungen von weiblicher Schönheit. Ängstlichkeit und Schüchternheit sind wesentliche Komponenten traditioneller Weiblichkeit. Wir lernen von klein auf, daß Jungen sich zwar untereinander zu prügeln pflegen, daß man aber »Mädchen nicht schlägt«. Wir lernen, zu glauben – ganz im Gegensatz zur gesellschaftlichen Realität –, daß eine unsichtbare Schranke die Männer davon abhält, gewaltsam gegen uns vorzugehen. Deshalb suchen wir immer wieder dort physischen Schutz, wo wir ihn am wenigsten zu erwarten haben: beim Mann.

Diesen männlichen Schutz müssen wir uns durch sexuelle Unerfahrenheit erkaufen. Sexuell erfahrene und vergewaltigte Frauen sind »beschädigte Waren« und deshalb weniger begehrens- und schützenswert. »Gefallene« Frauen sind Freiwild für weitere Ausbeutung.

Kein Regen in Sicht — Zahl der Sexualverbrechen steigt

Die Gluthitze macht die Männer rabiat

Die Zahl der Hitzekoller und der Sexualverbrechen steigt. Die Schönwetterprognose der Meteorologen wird für viele schon zur Horrormeldung: Es bleibt bei bis zu 33 Grad im Schatten — und Regen ist nicht in Sicht.

Wer sich's nur irgendwie richten kann, dürfte heute vor der Hitze ins kühle Naß flüchten — mit gelindem Grausen vor der kommenden Arbeitswoche: Denn es bleibt so heiß wie in den vergangenen Tagen; soweit die Meteorologen vorausschauen können — bis etwa Donnerstag — sind am Himmel keine Regenwolken in Sicht. Die Sonne glüht weiterhin unbarmherzig auf Europa herab. Langsam wird auch in Österreich die Situation ernst...

Schon sind da und dort Quellen versiegt, Brunnen trocken. In Tirol rechnen die Bauern vielerorts mit Mißernten; die erste Heumahd war wenig ertragreich, die zweite ist infolge der Trockenheit überhaupt in Gefahr. In

Kärnten, im Salzburgischen ist die Situation nicht viel anders. Und dabei fallen die Viehpreise: Schweizer, italienische und französische Landwirte haben in den vergangenen Tagen in Panik Tausende Rinder, für die sie kein Futter mehr von den verdorrten Weiden holen können, geschlachtet.

Hitzekoller sind an der Tagesordnung, in ganz Europa steigt die Zahl der Gewalttätigkeiten und vor allem der Sexualverbrechen sprunghaft an. Die Hitze, so erklären sich deutsche Kriminologen die vielen Vergewaltigungen, treibt selbst hartnäckige Stubenhocker ins Freie — in die „Provokation" der leichtgeschürzten Sonnenanbeterinnen.

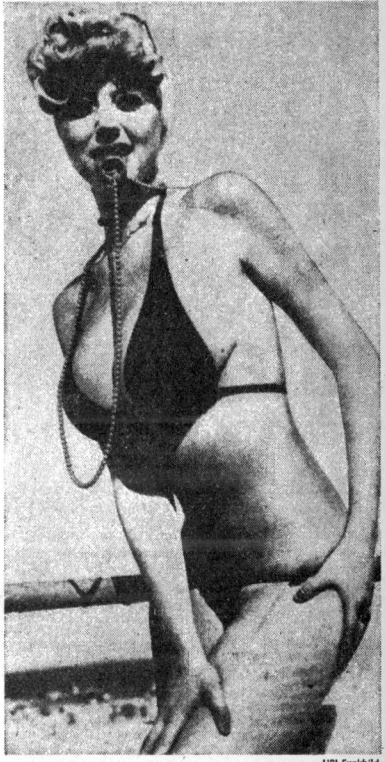

UPI-Funkbild

Italienischer Modegag für heiße Tage: Den Bikinimädchen wird ein Schnuller empfohlen — er beruhigt...

Kurier, Wien, 4. 7. 1976

Die Erziehung zu Freundlichkeit, Verständnis und Sanftmut, zu Unterwürfigkeit und Abhängigkeit, errichtet psychische Barrieren dagegen, zuzuschlagen, wenn uns jemand angreift. Der Zwang, dem wir unterliegen, immer Haltung zu bewahren, jede kompromittierende Situation zu vermeiden, macht uns zu passiven Opfern jeglicher Form von Belästigungen, die für beide Beteiligten alle Elemente des Vorspiels zu einer Vergewaltigung enthalten. Wir ziehen eine persönliche Demütigung einer öffentlichen Szene vor und richten somit die Aggressionen gegen uns selbst, statt nach außen. Wir glauben nicht an unsere Fähigkeit, eine schwierige Situation »meistern« zu können, verlassen uns auf unterwürfiges Bitten und Flehen, legen die Handlungsentscheidung in die Hand des Angreifers. Hier wird der grundlegende unauflösliche Konflikt offenbar: einerseits ist für eine Frau jede Situation, in der sie sich alleine mit einem Mann befindet, potentiell gefährlich, andererseits hat sie gelernt, daß Männer nur untereinander gewalttätig sind, sie aber beschützen. Indem wir weinen, statt zurückzuschlagen, verhalten wir uns als von vornherein nicht ebenbürtig, unternehmen keinen Versuch, das wahre Kräfteverhältnis realistisch einzuschätzen. Frauen halten im allgemeinen grundsätzlich alle Männer für stärker.

Und dabei soll es scheinbar auch bleiben. Allgemein bekannt sind die Warnungen von Polizei und Kriminologen an Frauen, lieber keine Waffe mitzuführen, sich im Falle eines Angriffs lieber vergewaltigen zu lassen, als sich zu wehren, weil Frauen so angeblich mehr Chancen haben, ohne größere Verletzungen davonzukommen.

Interessant sind diese Warnungen im Zusammenhang damit, daß Frauen, die sich nicht gewehrt und keine Verletzungen davongetragen haben, kaum Chancen haben, von Polizei und Justiz als Vergewaltigungsopfer anerkannt zu werden.

Es ist selten die Rede von Frauen, die sich erfolgreich wehren konnten. Eine Forschungsgruppe zur Untersuchung von Gewaltverhalten in Denver[37] testete 20 Frauen, die Vergewaltigungen zum Opfer gefallen waren, und 16 Frauen, die einen sexuellen Angriff erfolgreich abwehren konnten. Die Ergebnisse zeigten, daß die Frauen, die sich erfolgreich gewehrt hatten, sich selbst stärker akzeptierten, zufriedener mit ihrem Leben waren, weniger ängstlich, flexibler in ihrem Sozialverhalten, weniger depressiv und überhaupt weniger Symptome psychischer Anspannung zeigten, also ingesamt eine stärkere Persönlichkeit hatten als jene, die sich widerstandslos vergewaltigen ließen. Außerdem ging es ihnen nach dem Überfall psychisch besser als den Frauen, die vergewaltigt wurden, was nicht weiter erstaunlich ist; aber auch Frauen, die vergewaltigt wurden, sich aber nach Kräften gewehrt hatten, ging es nachher besser als denen, die sich nicht gewehrt hatten.

Doch gerade diese Fähigkeit, sich zu wehren, ist für Mädchen nicht als Erziehungsziel vorgesehen. Dazu kommt noch die Frauenkleidung, die unsere Wehrlosigkeit verstärkt: Schuhe, in denen wir nicht davonlaufen können, Röcke, über die wir stolpern oder die unsere Knie zusammenpressen, Strümpfe, in denen Laufmaschen entstehen können, Handtaschen, die eine Hand immer kampfunfähig machen.

»Frauen sind traditionell physisch schwach und politisch machtlos, und das in einer Kultur, in der körperliche Kraft und andere Machtmittel wie Waffen und Geld einen hohen Stellenwert haben. Frauen müssen ebenso wie Männer zur Gewaltausübung und Selbstverteidigung fähig sein, wenn ihr Verzicht auf Gewalt einer freien, moralischen Entscheidung entspringen und nicht bloß der Not gehorchen soll.«[38]

Als symbolischer Schritt zur Befreiung ist es daher bedeutsam, daß Frauen in allen Ländern beginnen, Techniken der Selbstverteidigung zu lernen. Die Opferrolle der Frau wird durch Werbung, Medien und Mode tagtäglich bestätigt und gefestigt. Die Darbietung des passiven Frauenkörpers, die Ästhetisierung von Zerbrechlichkeit, Verletzbarkeit und Abhängigkeit, die Hilflosigkeit, Unterwerfung und Fesselung, die manche Modeartikel heraufbeschwören (Klumpfuß- und Schnürschuhe, Kropfbänder, Rüschen und lose Dekolletés, die zum Herunterreißen anregen) legen ein sado-masochistisches Geschlechterverhältnis nahe.

Zur spezifischen Mädchenerziehung gesellt sich die ökonomische Lage der Frauen und ihre Mutterrolle. Mit niedrigeren Löhnen als die Männer, als Hausfrau und Mutter unfähig zu außerhäuslicher Erwerbsarbeit, sind die meisten Frauen in irgendeiner Form materiell von Männern abhängig. Gekettet an ihre Kinder und ohne zureichende Berufsausbildung kann eine mißhandelte Ehefrau ihren Mann kaum ohne Hilfe von außen verlassen. Sie muß seine Gewalt passiv ertragen. Im Auto eines Mannes, der eine Frau »ausgeführt« und für sie bezahlt hat, ist die Opfersituation auf jeden Fall schon vorbereitet; der Mann mag sich berechtigt fühlen, sich das zu nehmen, was ihm aufgrund seiner ökonomischen Machtposition zusteht – wenn nötig mit Gewalt.

Frauen wehren sich: Selbstverteidigung

Vergewaltigung ist tief eingewurzelt im Mann-Frau-Rollenstereotyp und kann deshalb nur mit einer grundlegenden Veränderung der Beziehungen zwischen den Geschlechtern aus der Welt geschafft werden. Was wir hier und jetzt tun können, ist, auf die Existenz von Vergewaltigungen immer wieder aufmerksam zu machen, ein Bewußtsein zu schaffen dafür, unter welcher ständigen lebensgefährdenden Bedrohung Frauen in unserer Gesellschaft zu leben gezwungen sind. Dazu können und müssen wir uns aller Mittel bedienen, die uns zur Verfügung stehen: Aktionen der Frauenbewegung, die feministische Presse, die bürgerlichen und linken Massenmedien, Anzeigen von Vergewaltigung bei der Polizei und massenhafte Unterstützung für Frauen, die es auf sich nehmen, einen Vergewaltigungsprozeß durchzustehen.
Wir können aber auch jede für sich und in Frauengruppen versuchen, unser Selbstbewußtsein zu stärken, Vertrauen in unsere Kraft zu gewinnen. Durch Selbstverteidigungskurse (Karate, Jiujitsu) erfahren wir, daß unser Körper nicht nur dazu fähig ist, schön zu sein und männlicher Lust zu dienen, sondern daß wir mit unseren Armen und Beinen, mit unseren Fäusten und Ellbogen, Knien und Fersen auch zuschlagen und zustoßen können. Wir müssen unsere verkümmerten Muskeln aktivieren, wir müssen lernen, aggressiv zu sein, unseren Zorn wenn nötig gewalttätig auszudrücken. In den meisten Fällen ist zwar ein durchschnittlicher Mann stärker als eine durchschnittliche Frau, aber es geht ja nicht darum, einen Vergewaltiger k. o. zu schlagen, sondern ihn durch unsere Schlagfertigkeit zu überraschen, um Zeit zu gewinnen, das Weite zu suchen. In manchen hoffnungslosen Situationen ist es oft besser, sich nicht zu wehren. Aber auch dann besteht keine Garantie, unverletzt zu bleiben. Wann immer es sinnvoll erscheint, sich zu wehren, müssen wir darauf vorbereitet sein und wissen, was wir tun sollen. In den meisten Fällen lohnt es sich sowohl physisch als auch psychisch, sich zu wehren.
Wir müssen lernen, auf die täglichen Anpöbelungen nicht defensiv, schamhaft und als Opfer zu reagieren, sondern unsere Empörung zu äußern, zurückzuschlagen, verbal oder physisch. Oft

genügt eine unerwartete scharfe Antwort, um einen Mann völlig aus der Fassung zu bringen. Die Männer rechnen mit unserer Angst und unserer Scham; wenn wir nicht rollenkonform reagieren, macht es ihnen gleich weniger Spaß. Eine vernichtende Waffe gegen einen Mann, der etwas auf seine Männlichkeit hält, ist, ihn lächerlich zu machen. Werden wir in öffentlichen Verkehrsmitteln belästigt, dürfen wir nicht länger so tun, als läge seine Hand nur zufällig auf unserem Schenkel, sondern müssen den Mut finden, den Mann vor allen Leuten anzuschreien. Vielleicht wird er es sich das nächste Mal überlegen. Je mehr individuellen Widerstand Frauen leisten, je weniger sie sich gefallen lassen, desto weniger selbstverständlich werden Belästigungen auf der Straße, in Lokalen und öffentlichen Verkehrsmitteln sein, desto mehr werden die Männer, und nicht wir, in die Defensive getrieben.

Die Frauenbewegung bietet Frauen, die gegen ihre Vergewaltiger Anzeige erstatten, Rückenstärkung. In Ländern wie Frankreich etwa ist es heute nur mehr sehr schwer möglich, daß ein Vergewaltigungsprozeß unbemerkt vorübergeht. Die Frauenbewegung sorgt für Publizität, die Frauenbewegung verschafft Anwältinnen, sie ist bei den Gerichtsverhandlungen präsent, sie nimmt Kontakt mit den betroffenen Frauen auf und hilft ihnen, standhaft zu bleiben. So wie etwa bei Anne und Araceli, die nahe daran waren, aufzugeben, zu verzweifeln, aber durch die internationale Frauensolidarität emotionell und finanziell unterstützt wurden. Auch beim Prozeß gegen die drei faschistischen Vergewaltiger von Rosaria Lopez und Donatella Colasanti in Rom im Sommer 1976 (Rosaria wurde ermordet und Donatella blieb nur durch Zufall am Leben, weil sie sich totgestellt hatte) übte die Frauenbewegung massiven Druck aus. Die Verteidiger der Mädchen, Richter und Presseberichterstatter wurden sich schließlich einig, daß Vergewaltigung ein politisches Verbrechen ist, das auf die herrschenden Geschlechterbeziehungen, auf die Unterdrückung der Frau zurückzuführen ist. In ganz Italien wurde über Vergewaltigung auf einem Niveau diskutiert, das über bloße Sensationslust hinausging und grundlegende Strukturen in Frage stellte.

Während im Film *Eine Frau sieht rot* das Thema der spontanen Haßreaktion einer Frau gegen ihren Vergewaltiger vermarktet wird, läuft in Paris ein Prozeß gegen die junge Griechin Maria Syrigos, die am 12. August 1976 den Polizeiinspektor Jean Ricaud erschoß, der sie ein Jahr zuvor vergewaltigt hatte. Im Film wird die Frau freigesprochen. Man darf auf den Ausgang des wirklichen Prozesses gespannt sein. Die französische MLF (Mouvement de libération des femmes – Frauenbefreiungsbewegung) veröffentlichte im Juni 1976 ein Manifest über Vergewaltigung, nachdem sie ein Jahr lang eine Kampagne gegen Vergewaltigung geführt hatte. Höhepunkt dieser Anti-Vergewaltigungskampagne war ein großes Frauenfest, bei dem über Vergewaltigungsfälle berichtet wurde. 3000 Frauen nahmen daran teil. In den USA haben die Frauen in den meisten größeren Städten sogenannte *rape crisis centers* – Krisenzentren für Vergewaltigungsopfer – aufgebaut. Das erste Projekt einer Anti-Vergewaltigungsgruppe ist in den meisten Fällen ein rund um die Uhr besetztes Telefon. Eine solche Einrichtung bietet Frauen, die vergewaltigt wurden, die Möglichkeit, sich sofort auszusprechen und Rat einzuholen, wie sie sich in der Folge zu verhalten haben. In den *rape crisis centers* werden Informationen über Vergewaltigungen in dem jeweiligen Bezirk oder der jeweiligen Stadt gesammelt und veröffentlicht. Entscheidet sich eine Frau, zur Polizei zu gehen, wird sie bei allen ihren Schritten rechtlich, finanziell und emotionell unterstützt.

In den USA setzen Frauengruppen Vergewaltiger, die sie kennen, unter sozialen Druck. So besprühen sie etwa sein Haus oder seinen Wagen mit der Aufschrift »Ich bin ein Vergewaltiger«. So wird er in seinem Wohnbezirk unmöglich gemacht. Über private Radiostationen werden Beschreibungen von Vergewaltigern durchgegeben. Das sind Möglichkeiten, sich an einem Vergewaltiger zu rächen, ohne Polizei und Gerichte einzuschalten und dadurch seine eigene Person preiszugeben.

Ein Einwand, der von der Linken immer wieder vorgebracht wird, ist, daß Strafandrohung kein Verbrechen verhindert und vor allem nicht die Wurzeln des Verbrechens angreift. Daß die Frauenbewegung mit ihrer Forderung nach gerichtlicher Verfolgung und Gefängnisstrafe für Vergewaltiger das bürgerliche Repressionssystem zu Hilfe ruft und es somit stärkt. Doch, wie öfter in der Linken, werden zweierlei Maß angewandt. Die linken Gruppen wissen nur zu gut, daß die Verwendung des Justizapparates zum Aufzeigen von Verbrechen gegen das Volk – weit davon entfernt, die bürgerliche Justiz zu stärken – ein sehr wirksames Mittel des ideologischen Kampfes darstellt. Damit läßt sich zum Beispiel aufzeigen, daß gewisse »Unfälle«, die als natürlich ausgegeben werden, in Wirklichkeit kriminelle Handlungen sind, die von der herrschenden Klasse begangen werden: das ist der Sinn von Verfahren gegen Unternehmer, die für Arbeitsunfälle verantwortlich sind. Und das ist auch der Grund, warum wir Frauen fordern müssen, daß Vergewaltiger vor Gericht gestellt werden.

Die Reaktion der herrschenden Klasse und der Presse zeigt auf, daß dieses Rechtssystem nur dazu da ist, die bürgerlichen Kriminellen zu schützen. Die Pirouetten, die das Rechtssystem vollführt, wenn es darum geht, einen Unternehmer oder bürgerlichen Politiker zu entlasten, erklären mehr über die Klassenjustiz als Jahre klassischer politischer Agitation. Desgleichen beweist die Art, in der Vergewaltigungsprozesse abgewickelt werden, und ihr Ergebnis, mehr als lange Reden, daß das Rechtssystem dazu da ist, die Vergewaltiger und nicht die Frauen zu schützen. Mit dem juristischen Kampf wollen die Frauen die Männer zwingen, ihre eigenen Männergesetze anzuwenden. So zeigen sie ihre Grenzen auf, beweisen, daß die Klassenjustiz auch eine sexistische Justiz ist, welche die Frauen unter dem Vorwand, sie zu schützen, minderwertig, abhängig und verletzbar hält.

Das Argument der Linken, das den Frauen vorwirft, sie unterstützten die Repression gegen Gewaltakte, wo doch jene, die sie begehen, oft Jugendliche oder Gastarbeiter, also Opfer der »sexuellen Misere« sind, ist reine Demagogie. Es ist nicht die Aufgabe der Frauen, die Gewalt, die Verachtung, den Rassismus, den diese auf Profit, Ausbeutung und Macht aufgebaute Gesellschaft erzeugt, in alle Ewigkeit mit unseren Körpern aufzufangen.

Doch eines ist sicher: noch lange werden wir gewisse Dinge stets aufs neue wiederholen müssen. Bis wir einmal der Forderung Annie Cohens* folgen – und zu den Waffen greifen.

---

* Annie Cohen, eine bekannte französische Feministin, schrieb in *Libération* vom 26./27. 6. 1976 einen Artikel über Vergewaltigung, in dem sie die Bewaffnung der Frauen zu ihrer Selbstverteidigung fordert.

Gewalttätige Medizin

Immer wieder berichten Frauen, wie ihre Männer sich in Abscheu oder zumindest mit Unbehagen von ihnen wenden, wenn sie schwanger sind. In der italienischen Frauenzeitschrift *effe* erzählt eine Frau, daß sie, die immer nackt schlief, sich während ihrer Schwangerschaft ein Nachthemd kaufen mußte, um ihren Bauch vor ihrem Mann zu verbergen. Eine andere wurde von ihrem Mann aufgefordert, das Badezimmer zu versperren, um zu verhindern, daß ihr Mann sie beim Duschen sehen könnte. Wir alle wissen, wie uns Gynäkologen behandeln. Wieder aus Italien hören wir, daß manche Gynäkologen die Frauen prinzipiell nur duzen, sobald sie alleine mit dem Arzt im Behandlungszimmer sind. Im Spital sind wir mehr oder weniger gleichberechtigte Patientinnen, wenn wir uns ein Bein brechen oder einen Herzfehler haben. Sind aber unsere Reproduktionsorgane krank, sinken wir sofort um einige Stufen in der Patientenhierarchie. Und auch wenn wir gar nicht krank sind, sondern nur zur Routineuntersuchung gehen oder schwanger sind, irgendetwas Abnormales wird an uns immer entdeckt. Klassisch ist bereits der Mythos von der »zu kleinen Gebärmutter«. Wie viele Frauen wurden wohl ungewollt schwanger, weil ihnen der Arzt eröffnet hatte, sie hätten eine zu kleine Gebärmutter und könnten nie Kinder kriegen; die Pille sei deshalb überflüssig. Es scheint unter den Gynäkologen eine Klischeevorstellung von der »normalen« Frau zu geben, der kaum eine Frau entsprechen kann. Deshalb gelten wir alle als defekt.

Wie stark muß wohl der Impuls bei den Männern sein, das, was uns von ihnen unterscheidet – unsere Reproduktionsfähigkeit – schlecht zu machen, durch Mythen einerseits überzubewerten, andererseits zu entwerten? Der kleine Unterschied, auf den die Männer so leidenschaftlich bestehen, den sie angeblich so lieben, löst in der Männergesellschaft Abscheu, Ekel, Verachtung, Haß aus.

Die Fähigkeit der Frau zu gebären, ist eine Stärke, die ihr in den frühen Zeiten der Menschheitsgeschichte Ansehen und Ehrfurcht einbrachte. Aber auch Angst und Neid. Diese natürliche Macht der Frauen mußte von den Männern gebrochen werden.

Die Stärke der Frauen wurde ihnen zum Verhängnis, zur Schwäche. Das konnte nur durch brutale Ausnutzung ihrer Verletzbarkeit geschehen. Der Mann bemächtigte sich des Körpers der Frau und setzte sich selbst als Norm. Die Frau wurde zur Anderen, zur Ergänzung des Mannes, zur defekten Ausgabe des Mannes. Mensch im eigentlichen Sinn ist nur der Mann.

Mit der Enteignung ihres Körpers ist die Frau sich selbst enteignet, hilflos ausgeliefert den Machtinteressen der Männergesellschaft. Der Würde beraubt, die verbunden war mit der Fähigkeit zu gebären, wurde die Frau zum Instrument. Sie wurde »Mutter«. Die Mutterschaft ist nicht eine mögliche Bereicherung des Lebens einer Frau, unter anderen Wahlmöglichkeiten, sondern ihre einzige gesellschaftliche Aufgabe. Frausein wurde gleichgesetzt mit Muttersein. Frauen, die sich dieser Aufgabe entziehen, sind des Zornes und der Verachtung der Männergesellschaft sicher. Durch die Beschränkung der Frau auf ihre körperlichen Funktionen, d. h. auf die Mutterschaft, üben Staat und Kirche und ihre Handlanger, Wissenschaft und Ärzte, totale Kontrolle über sie aus.

Die Enteignung des Körpers der Frau beschränkt sich aber nicht nur auf die Kontrolle des Mannes über die Nachkommen, die *seine* Nachkommen sind, sondern umfaßt weit mehr. Da der Körper, auf den sie reduziert ist, ihr nicht gehört, kann er Instrument des Mannes sein, nie aber Quelle autonomer Lust. Wir haben heute keine Vorstellung davon, was weibliche Sexualität sein könnte. Wir können es bloß erahnen. Denn unser Denken und Fühlen ist vom männlichen Geist geformt, verformt. Unser Körper ist uns fremd. Wir betrachten ihn von außen, mit männlichen Augen. Wir sind so fremdbestimmt, daß wir uns selbst und unsere Körperfunktionen nur mehr verachten können. Wir schämen uns unserer Menstruation, wir verstecken Tampons und Binden diskret vor Männerblicken. Schwangere Frauen werden (auch von Frauen) als peinlich empfunden. Das Patriarchat hat etwas Ungeheuerliches vollbracht, ärger als jede Klassenunterdrückung: von frühester Jugend an, mit der ersten Regel und dem ersten Wachsen der Brüste, schämen sich die Frauen ihrer Körperfunktionen. Die Rache des Mannes für seine Unfähigkeit, Leben zu gebären, für seine Angst vor dem weiblichen Körper und seiner unbegrenzten Lustfähigkeit ist vollkommen.

»Ich habe sechs Kinder und habe fünfmal abgetrieben. Mein Mann ist 50 Jahre alt und hat in den letzten 20 Jahren mindestens sechs von zwölf Monaten in der psychiatrischen Klinik zugebracht. Solange ich konnte, war ich Arbeiterin, jetzt gehe ich als Putzfrau, stundenweise. Von früher Jugend an habe ich ein Lungen- und Nierenleiden. Während aller Schwangerschaften habe ich sehr gelitten. Das letzte Kind bekam ich mit Sauerstoff. Als es geboren war, nahm der Arzt der Klinik meinen Mann beiseite und fragte ihn, ob er verrückt sei, mir weiterhin Kinder zu machen, wo ich mich in einem so schlechten Zustand befinde und fast gestorben wäre.

Meine letzte Abtreibung hatte ich 1972: sie mußten mir danach wegen einer Infektion alle Zähne reißen. Ich war fertig. Ich frage mich, ob es recht ist, daß der Staat gegen mich prozessiert, ohne mir jemals etwas gegeben zu haben, weder mir noch meinen Kindern. Ob es recht ist, daß ich jetzt ins Gefängnis gehen und meine Kinder bei meinem kranken Mann lassen muß, nur weil ich nicht ein siebentes Kind in die Welt setzen konnte und nicht das Geld hatte, in die Schweiz zu fahren.

Ich weiß nicht, ob das recht ist. Es liegt an Ihnen, es mir zu sagen.«[1]

Diesen Brief schrieb Marisa Benetti an ihre Richter, als sie wegen Abtreibung vor Gericht gestellt wurde. Eine alltägliche Geschichte in Italien. Nach Schätzungen der Universität von Pavia gibt es jährlich in Italien 1 Million 250000 Abtreibungen. Das entspricht der Zahl der Geburten. Die UNESCO hingegen schätzt die Zahl der Abtreibungen auf das doppelte. Bei dem strikten Abtreibungsverbot, das in Italien herrscht, lassen sich die Bedingungen, unter denen abgetrieben wird, vorstellen. Im Süden und in ländlichen Gebieten gibt es so gut wie keine Aufklärung über empfängnisverhütende Mittel, die Pille ist schwer zu beschaffen und wird nur von einer verschwindend kleinen Zahl von Frauen genommen. In Neapel hörten wir von einer Frau, die 50 mal in ihrem Leben schwanger war, d. h. 20, 30, ja 40 Abtreibungen sind durchaus üblich.

Trotz der Gefängnisstrafe von zwei bis acht Jahren, die in Portugal auf Abtreibung steht, treiben jährlich 180000 Frauen ab. Dabei sterben jedes Jahr etwa 2000 Frauen. Die Portugiesinnen berichteten beim Brüsseler Tribunal, daß die Verzweiflung, das

Elend und die Unwissenheit unter den portugiesischen Frauen so groß sind, daß sie oft zur Selbsthilfe, d. h. zur Stricknadel greifen. Erlauben es ihnen die finanziellen Mittel, dann gehen sie zur Engelmacherin oder, wenn es hoch geht, zur Hebamme, der sie das Äquivalent eines Monatseinkommens der meisten portugiesischen Arbeiter zahlen. Manche Frauen haben schon 30 Abtreibungen hinter sich. Ein Arzt aus Oporto gab zu, daß in sein Spital jährlich 1000 Frauen mit mißlungenen Abtreibungen kommen, deren Folgen einen tragischen Ausgang genommen hätten, wenn sie nicht ins Spital gegangen wären. Und das bloß in *einem* Spital.

Das Verbrechen der Abtreibung verjährt in Portugal erst nach 15 Jahren. Eine Journalistin berichtete über eine Frau, die aufgrund einer Anzeige einige Jahre nach ihrer Abtreibung verhaftet wurde. Damals war sie bereits verheiratet und hatte zwei Kinder. Sie verbrachte zwei Jahre im Gefängnis. Einige Monate nach ihrer Freilassung wurde sie neuerlich schwanger. Sie beging Selbstmord.

Wie in den meisten anderen Ländern gibt es auch in Portugal im Vergleich zur hohen Abtreibungsrate nur wenige Verurteilungen. Doch wenn verurteilt wird, dann sind es Frauen ohne Beruf, Hausangestellte, Landarbeiterinnen. Auch nach dem »politischen Frühling« im April 1974 änderte sich nichts an dieser Situation. Drei Journalisten drehten einen Film mit dem Titel »Abtreibung ist kein Verbrechen«. Der Film beschreibt die Karman-Methode und erzählt über eine Gruppe von Frauen, die mit dieser Methode kostenlose Abtreibungen durchführen. Er wurde am 4. Februar 1976 gezeigt. Er rief eine Protestwelle rechter Organisationen und der katholischen Kirche hervor. Die Ärztevereinigung bezeichnete die Methode als Scharlatanerie. Die rechten Parteien erklärten, der Film fordere zum Verbrechen auf und verlangten die Bestrafung der Verantwortlichen. Die linken Parteien ergingen sich angesichts dieser Verteufelungskampagne in beharrlichem Schweigen, einschließlich der Sozialistischen Partei, die als *einzige* Linkspartei die Legalisierung der Abtreibung in ihr Parteiprogramm aufgenommen hatte.

Die Liste der Heuchelei und des Zynismus, die dem unglaublichen physischen und psychischen Elend einer riesigen Masse von Frauen gegenüberstehen, ließe sich unendlich fortsetzen. Abtreibung ist nicht bestrafbar; es müßten massenhaft Frauengefängnisse gebaut werden. Die Absurdität eines Verbrechens, das mit acht Jahren Strafe belegt wird, hunderttausendfach begangen wird und für das alle paar Jahre eine Frau bestraft wird, liegt auf der Hand. Doch die eigentliche Strafe ist die Illegalität. Diese muß aufrecht erhalten werden. Die Frau darf auf keinen Fall selbst über ihren Körper verfügen.

In Ländern, in denen die Illegalität aufgehoben wurde, hat die Gynäkologie andere Methoden der Bestrafung bereit. In Brüssel erzählte eine Frau über ein 16-jähriges Mädchen, das in England im frühen Stadium ihrer Schwangerschaft eine Abtreibung verlangte. Der Gynäkologe weigerte sich, den Abbruch vorzunehmen, bis sie in der 18. Woche war. »Wenn dumme Mädchen wie du mit Sex herumspielen, dann müssen sie dafür bezahlen.« Die Wehen wurden eingeleitet und dauerten 25 Stunden. Während dieser Zeit wurden ihr keine schmerzstillenden Mittel gegeben. Als Argument führten sie an, daß diese die Uteruskontraktionen verlangsamen würden, ein Argument, das seltsam klingt, wenn man weiß, daß bei Geburten immer schmerzstillende Mittel gegeben werden.

Die leidenschaftlichsten Verfechter des Verbots der Abtreibung sind gerade jene, die bekannterweise das lebende Leben nur sehr wenig achten: die Kirche, rechte und rechtsradikale Parteien und Gruppen und der Großteil der Gynäkologen. Jonathan Randall beschreibt in einem 1975 erschienenen Artikel in der *Washington Post* einen Vorfall während der deutschen Besetzung von Frankreich im zweiten Weltkrieg: damals wurde eine Frau erschossen, weil sie an sich eine Abtreibung vornehmen ließ. Das französische Gesetz, das die Todesstrafe für Abtreibung vorsah, machte das Prinzip des »Rechts auf Leben« der Abtreibungsgegner zu einer Farce. Doch jenes Gesetz war nur eine Übersteigerung der heute von Soziologen gefundenen Beziehung zwischen allgemeiner Befürwortung von Gewalt und der Ablehnung von Abtreibung. Aus einer von Dr. Douglas Wallace an der University of California School of Medicine in San Francisco an 96 College-Studenten im Durchschnittsalter von 19 Jahren durchgeführten Untersuchung geht klar hervor: es besteht eine enge Beziehung zwischen Kindesmißhandlung (schwere physische Bestrafung von Kindern), Bestrafung von Abtreibung, repressiver Sexualität, allgemeiner physischer Gewalt (Befürwortung von Todesstrafe und Gewalt als Mittel zur Problemlösung), der Bevorzugung von Alkohol statt Sex, einer indifferenten Mutter (Mangel an physischer Zuneigung) und einem physisch gewaltsamen Vater[2]. Auch aus einer vom IMAS-Institut in Linz/Österreich durchgeführten Studie geht hervor, daß die Anhänger der »Aktion Leben« (Anti-Abtreibungskampagne in Österreich) zu einem hohen Prozentsatz die Todesstrafe befürworten[3]. Eine von B. C. Ayres durchgeführte transkulturelle Studie zur Bestrafung von Abtreibung ermittelte 11 Kulturen, die Abtreibung schwer bestrafen und 12, die keine oder geringe Bestrafung von Abtreibung kennen. Die Resultate waren erstaunlich klar und bestätigen nur die in den USA und Europa gemachten Beobachtungen. Die statistisch aussagestärksten Ergebnisse sind, daß 100 % der Kulturen, die Abtreibung bestrafen, patrilinear sind; 71 % der Kulturen, die Abtreibung nicht bestrafen, sind matrilinear. Mehr als die Hälfte (55 %) der Abtreibung bestrafenden Kulturen praktizieren Sklaverei, hingegen kennen die Abtreibung nicht bestrafenden Kulturen Sklaverei nur zu 8 %. Von den Kulturen, die Abtreibung bestrafen, töten, foltern und verstümmeln 73 % ihre im Krieg gefangenen Feinde, von den Abtreibung nicht bestrafenden Kulturen töten, foltern oder verstümmeln nur 20 % ihre Gefangenen[4].

Die Diskussion um die Abtreibung und um den Wert von »Leben« flammte in Italien von neuem auf, als 15 000 Personen am 10. Juli 1976 von der ICDO-Giftwolke betroffen wurden, die aus dem Schweizer chemischen Konzern Icmesa (u. a. Produktion von Napalm für Vietnam) über Seveso bei Mailand strömte, und bekannt wurde, daß schwangere Frauen, die mit diesem Gift in Berührung gekommen sind, mißgestaltete Kinder zur Welt bringen könnten. Die Bewohner von Seveso verlangten das Recht auf legale Abtreibung. Doch der Erzbischof von Mailand spricht weiterhin von Mord und fordert die schwangeren Frauen auf, die Kinder auszutragen und sie nach der Geburt wohltätigen Familien zu übergeben, die sich um sie kümmern werden. In einem Artikel mit dem Titel »Sie können nicht einmal weinen« im *Osservatore Romano* spricht der Schreiber von einer »Abtreibungskampagne«. »Man würde meinen«, meint der vatikanische Kommentar, »daß viele die Giftwolke von Seveso mit Begeisterung aufgenommen haben, als eine günstige Gelegenheit, wieder einmal eine frenetische Abtreibungskampagne zu starten«. »Wir denken«, schließt der Artikel, »an die Babies, die die Liebe ins Leben rief und die man jetzt zum Tode verurteilen möchte. Sie sind unschuldig und wehrlos. Und klein wie sie sind, in ihrer Existenz im Mutterschoß, können sie nicht protestieren, sie können nicht das Recht auf Licht fordern, sie können nichts fordern, nicht einmal mit der einzigen Waffe, die ein Baby hat: dem Weinen«.[5] Doch diese verbrecherische Heuchelei und Mißachtung des Lebens von Frauen und Kindern wird heute von den italienischen Frauen nicht mehr hingenommen. Zu Hunderttausenden demonstrieren sie für die Freigabe der Abtreibung, haben ein umfangreiches und äußerst effizientes Selbsthilfenetz für Abtreibungen im ganzen Land aufgebaut.

»Familienplanung«

Während in den USA und in Europa die weißen Frauen um das Recht auf Abtreibung und Sterilisation kämpfen, werden in den Ländern der Dritten Welt Frauen für gefährliche gynäkologische Experimente verwendet. Ohne ihr Wissen werden sie sterilisiert, ohne ihnen zu erklären, was mit ihnen geschieht, werden ihnen intrauterine Verhütungsmittel eingesetzt. Eine Fülle von US-Organisationen wie z. B. die Rockefeller oder die Ford Foundation führen psychologische und soziologische Untersuchungen durch, um die kulturell vorgeformten Einstellungen gegen Familienplanung »wissenschaftlich« zu erforschen. Sie führen »Beratungsstellen« und organisieren »Familienplanungsprogramme«. So betreibt etwa die Family Planning Association of Puerto Rico auf der ganzen Insel Kliniken, verteilt empfängnisverhütende Pillen gratis und führt Sterilisationen durch. 1954 waren 16% aller Frauen im gebärfähigen Alter sterilisiert, 1965 waren es bereits 34%. Nach einer Studie aus dem Jahre 1968 ist das Durchschnittsalter der Sterilisierten 26 Jahre! Zwischen 1950 und 1973 haben die Geburten um 58% abgenommen. Die imperialistische Machtpolitik, zugunsten der diese Doppelmoral auf dem Rücken der Frauen hier wie dort ausgeübt wird, liegt auf der Hand. Weiße Frauen müssen gebären, damit ihre Rasse an der Macht bleibt, schwarze Frauen in den USA und Frauen aus der Dritten Welt werden am besten unwiderruflich sterilisiert, denn ihre Rasse könnte den Herrschenden einmal gefährlich werden. Es ist erwiesen, daß die Geburtenrate erst dann von selbst sinkt, wenn das Land einen entsprechenden Lebensstandard erreicht hat. Mit dem gezielten Familienplanungsprogramm ist es in Puerto Rico gelungen, die Geburtenrate zu senken, ohne sich um eine Verbesserung der wirtschaftlichen Lage bemühen zu müssen. Je weniger Puertoricaner, desto weniger Probleme.

Auf infame Weise werden die Forderungen der weißen amerikanischen Frauen nach Selbstbestimmung über ihren eigenen Körper von den genannten imperialistischen Organisationen übernommen und für die Rechtfertigung der gewaltsamen Verstümmelung ihrer schwarzen Schwestern im eigenen Land und in der Dritten Welt verwendet. Deshalb dürfen wir die Forderung nach freier Abtreibung und dem Recht auf Sterilisation nie trennen von der Forderung nach der Beendigung erzwungener Geburtenkontrolle, wollen wir nicht Verrat begehen am Frauenkampf im allgemeinen und an unseren Schwestern in der Dritten Welt im besonderen.

In Schmerzen sollst du gebären

Gewaltsam geht es aber nicht nur bei der Verweigerung oder Erzwingung von Geburtenkontrolle zu. Das wäre ja noch im Rahmen der kapitalistischen Ideologie einsichtig: die Arbeiterin kann und darf nicht über ihr eigenes Produktionsmittel – ihren Körper – verfügen, sie muß ihn in den Dienst des Kapitals stellen. Doch auch die Frauen, die sich so verhalten, wie man es von ihnen verlangt – die Gebärerinnen – werden ganz und gar nicht der süßlichen Mutterideologie entsprechend behandelt. Eine Italienerin berichtet über ihre Entbindung:
»Man führt mich in den Kreißsaal. Bald darauf beginnen die Wehen, auf die ich mich in Ruhe vorbereite, indem ich die verdammte Atemmethode anwende, die sie mir eingetrichtert haben. Um mich herum sind Frauen, die schreien, andere, die vor sich hinjammern, Hebammen, die mit lauter Stimme ihre kleinen Geschichten erzählen. Ab und zu absolviert der Arzt seine Visite und untersucht alle Frauen, mit Ausnahme von mir, weil ich, wie er sagt, die Patientin des Oberarztes bin; er hütet sich, mich anzurühren.
Gegen Morgen werden die Wehen immer stärker. Eine Hebamme, die Saaldienst hat, bemerkt, daß mich niemand untersucht und man mir nur immer wieder sagt, daß meine Wehen noch nicht die richtigen sind. Sie verspricht mir, mich zu untersuchen, wenn ich es niemandem sage. Weil das verboten ist. Ich stimme zu. Die Hebamme untersucht mich und sagt mir, daß ihrer Meinung nach die Wehen bereits ihren Höhepunkt erreicht haben, daß sich aber der Muttermund noch nicht genügend geöff-

net hat und es zweifellos nötig sein würde, mir »zu helfen«. Trotzdem empfiehlt sie mir, geduldig zu sein. Der Oberarzt würde schon früher oder später kommen.

Letzterer erscheint in der Tat zu Mittag. Geschwächt durch die langen Wehen erinnere ich mich nur an eine Reihe von Injektionen, die alles nur noch schlimmer machten. Und daß der Chefarzt sagte, er müsse jetzt gehen und würde um vier Uhr wieder zurück sein. Sollte ich bis dahin noch nicht geboren haben, würde er mir einen Kaiserschnitt machen. Man erlaubt einer Freundin, mich zu besuchen. Sie ist entsetzt über meinen Zustand. Ich bemerke, daß sie weggeht, und einige Minuten später bewegen sich eine Anzahl von Personen, die ich nicht ausnehmen kann, rasch um mich herum und führen mich an einen anderen Ort. Weiterhin viel Bewegung, ich höre, wie links und rechts von mir Befehle ausgegeben werden. Eine männliche Stimme schreit »Zange«. Schließlich fühle ich einen Schnitt in meinem Fleisch. Der Schmerz ist so stark, daß ich plötzlich wieder zu Bewußtsein komme: ich denke, daß sie dabei sind, mich zu ermorden, und daß so auf jeden Fall mein Martyrium ein Ende hat. Ich weiß heute, daß dieser Arzt es gewagt hatte, mir einen Kaiserschnitt zu verpassen und mich zu nähen ohne auch nur einen Hauch von Anästhesie zu verwenden, nicht einmal lokal: nicht mehr und nicht weniger, als was sich in den Nazi-Konzentrationslagern abspielte«.[7]

Im Dämmerzustand stundenlang in einem Bett zu liegen, in einem Raum zusammen mit anderen Frauen, die stöhnen und sich, von Medikamenten umnebelt, hin und her wälzen, wo »niemand kommt«, außer um eine Beckenuntersuchung vorzunehmen oder eine Spritze zu geben, ist eine klassische Erfahrung der modernen Geburt. Die Einsamkeit, das Gefühl, in einem Gefängnis zu sein, machtlos und vergessen, ist die wichtigste kollektive Erfahrung von Frauen, die im Spital gebären. Der »Höhepunkt im Leben einer Frau« ist begleitet von Lieblosigkeit, Einsamkeit und Beschimpfungen. Das »Wunder des Lebens«, die heere Aufgabe der Fortpflanzung der Menschheit bringt der Frau nur Verachtung und Schmerzen ein. Das zarte Neugeborene, um das sich Kirche und Gynäkologen als Fötus solche Sorgen machen, wird der Mutter brutal entrissen, seiner Verzweiflung in diesen ersten Stunden seines Lebens auf dieser ungastlichen Welt alleine überlassen. Die »glückliche Mutter« kann ihr Kleines nicht in die Arme schließen, die Mutter-Kind-Beziehung, die angeblich so wichtig ist, daß sie fast bis zur Großjährigkeit des Kindes gepflegt werden muß, wird aufgeschoben auf später. Im Krankenhaus ist sie nicht genehm. Solche Emotionalitäten stören die Spitalsordnung.

Die Angst des Mannes vor der Wunde

Diese Behandlung der Frauen durch die Gynäkologen von heute sollte nicht erstaunen, ist sie doch nur das Resultat einer jahrtausendealten Geschichte der Angst des Mannes vor dem weiblichen Körper, vor der Sexualität der Frau und ihrer Fähigkeit, neues Leben zu schaffen. Die patriarchalische Herrschaft tabuisierte diese Fähigkeit und verwandelte die Angst und die Ehrfurcht der Männer davor in Verachtung und Unterdrückung. Die Fähigkeit, zu produzieren und zu töten, steht über der Gabe, Leben zu schenken. Menstruation und Geburt sind in allen patriarchalischen Kulturen mit Mythen und strengen Regeln verbunden. Der römische Geschichtsschreiber Plinius schreibt: »Jede menstruierende Frau läßt jungen Wein sauer werden. Linnen, das im Kessel kocht, wird schwarz, die Kante des Rasiermessers wird stumpf, und Kupfergefäße nehmen einen fauligen Geruch an und bedecken sich mit Grünspan, wenn die menstruierende Frau mit ihr in Berührung kommt«[8]. Die Periode der Frau ruiniert Pflanzen und Tiere, bringt Gestirne durcheinander, zieht Hagel und Gewitter an und verstimmt die Götter. Moses droht: »Wenn ein Weib ihres Leibes Blutfluß hat, die soll sieben Tage beiseite getan werden; wer sie anrührt, der wird unrein sein bis auf den Abend«[9]. Menstruationsblut gilt in fast allen Kulturen als schmutzig und gefährlich für die Männer. Der Koran rät den Männern, sich der Frauen zu enthalten und sich ihnen nicht zu nähern, ehe sie wieder rein sind, denn »die Ausflüsse der Frau sind von Schaden«. Die menstruierende Frau eines Bantu-Negers darf nichts berühren, was dem Mann gehört. Faßt sie seine Waffe an, fällt er am nächsten Tag.
Was unterscheidet das Menstruationsblut von anderem Blut, das aus einer offenen Wunde fließt und mit dem gerade Männer oft genug zu tun haben? Es ist die Angst der Männer, die tiefe unbewußte Angst, die so alt ist, wie die Menschheit: die Kastrationsangst. Die Menstruation ist symbolisches Kastrationsblut – Blut aus einer Wunde, die die Männer mehr fürchten als den

Tod. Die alten Mythen der Naturvölker erzählen, daß die Götter und Dämonen die Frau schufen, indem sie einen Mann kastrierten, Nashornvögel, Spechte oder Krokodile schlugen in den kastrierten Leib die weiblichen Löcher – Wunden, aus denen es blutet. Diese Wunde ist gefährlich und geheimnisvoll zugleich. Sie ist ein Zeichen weiblicher Schwäche und Stärke. Denn aus den Wunden kommt neues Leben. Der Mann will mit ihr möglichst wenig zu tun haben. Allen Kulturen ist gemeinsam, daß der Mann in der Stunde der Geburt, wenn die Wunde sich weit öffnet, die Frau am liebsten alleine läßt. Irgendwo im Wald bringen Papua-Mütter ihre Kinder zur Welt. Eine isolierte Hütte ist der Geburtsplatz der Hottentotten. Und unsere Kreißsäle sind auch nicht gerade der Ort des liebevollen Zusammenseins. Als der Unsinn vom geschwärzten Linnen und den grünspanigen Kupferkesseln nicht mehr zu halten war, fanden sich Männer, die andere Belege herbeischafften. »Während der Menstruation ist das Weib zu psychischer und physischer Arbeit untauglich, zum Zorne und zur Lüge geeignet«[10], fand Cesare Lombroso, ein berühmter italienischer Arzt zu Beginn unseres Jahrhunderts. Auch heute noch rankt sich Aberglaube um die Menstruation: so redet man jungen Mädchen ein, sie dürfen während ihrer Periode nicht baden, keinen Geschlechtsverkehr haben und sich nicht die Haare waschen.

Weib sein heißt leiden. In der jüdisch-christlichen Kultur ist dieses Leiden immer verbunden mit der Mutterschaft. Eva muß nach dem Sündenfall fortan in Schmerzen gebären. Die Römer nannten die Geburtswehen poena magna – der große Schmerz. Aber poena heißt auch Strafe. Die Jungfrau Maria ist leidende Mutter. In der Psychologie findet diese Verbindung der Frau mit dem Leiden u. a. Ausdruck in der Theorie von Helene Deutsch, die Passivität und Masochismus mit Weiblichkeit gleichsetzt.

Der wichtigste Beitrag der Medizin zu dieser sexistischen Ideologie der leidenden Mutter war die wissenschaftliche Beschreibung der Frau als krank und als krankheitserregend für den Mann. Was früher Mythen und Religion waren, ist heute wissenschaftlich verankert. Ein biologisch-medizinisch gerechtfertigter Sexismus ist ein weitaus gefährlicheres Herrschaftsmittel, weil er scheinbar »objektiven« Kriterien folgt. Heute sind die physischen Defekte der Frau als Grund für die männliche Vorherrschaft weitgehend ihren geistigen und seelischen Mängeln gewichen. Der Gynäkologe behandelt die Frau nach wie vor als verachtenswertes Wesen zweiter Klasse mit eher unappetitlichen Körperausflüssen, doch die Ideologie dazu liefert der Psychiater.

Die Verdrängung der Frau als Heilkundige

Es ist nicht von ungefähr, daß sich die Neue Frauenbewegung heute verstärkt mit der Erforschung des weiblichen Körpers und der Medizin befaßt. Barbara Ehrenreich und Deidre English schrieben in der Einleitung ihrer Broschüre: »Hexen, Hebammen und Krankenschwestern«: »Frauen sind seit jeher heilkundig gewesen. Sie waren die unbestallten Ärzte und Anatomen der abendländischen Vergangenheit. Sie waren Abtreiberinnen, Pflegerinnen und Ratgeberinnen. Sie waren Pharmazeutinnen, entwickelten die Kräuterheilkunde und weihten einander in die Geheimnisse ihrer Wirkungsweise ein. Sie waren Hebammen, zogen von Haus zu Haus und von Ort zu Ort. Jahrhundertelang waren diese Frauen Ärzte ohne Titel, denen der Zugang zu Büchern und Vorlesungen versperrt war. Sie lernten voneinander, und gaben ihr praktisches Wissen von Nachbarin zu Nachbarin und von Mutter zu Tochter weiter. ›Weise Frauen‹ hießen sie im Volksmund, Hexen oder Kurpfuscherinnen für die Obrigkeit. Die Heilkunst ist Teil unseres Frauenerbes, unserer Geschichte, unseres Geburtsrecht«[11].

Die Hexen waren heilkundige Frauen, die unter dem einfachen Bauernvolk, aber auch in städtischen Elendsghettos praktizierten. Sie gründeten ihr Wissen ohne formale Ausbildung auf eigene Erfahrungen und ihre enge Verbundenheit mit der Natur. Die Hexenverfolgungen dauerten vier Jahrhunderte (14. bis 18. Jahrhundert) und waren nichts anderes als eine »gezielte Terrorkampagne der herrschenden Klasse«[12] gegen selbständige Frauen, die als Heilkundige und oft auch als Rädelsführerinnen von Bauernaufständen eine Bedrohung der kirchlichen und weltlichen Macht darstellten. – Es handelte sich »beim Hexenwahn weder um einen lynchenden Mob noch um einen Massenselbstmord hysterisch gewordener Frauen . . . Die Hexenverfolgungen waren gut organisierte Feldzüge, initiiert, finanziert und durchgeführt von Kirche und Staat«[13], im Zuge derer in ganz Europa und in den USA Millionen von Frauen hingerichtet wurden. Die Heilmethoden der Hexen stellten eine große Gefahr für die katholische Kirche dar: Sie verließen sich mehr auf ihre Sinne als auf die Lehren der Kirche, sie vertrauten nicht dem passiven Glauben, sondern erforschten aktiv die Natur, aus deren Reichtum sie Mittel zur Behandlung von Krankheit, Schwangerschaft und Geburt fanden. »Während die Hexen unter dem einfachen Volk praktizierten, zogen sich die herrschenden Klassen ihre eigenen Vertreter weltlicher Heilkunde heran: die Ärzte mit Universitätsausbildung. Ein Jahrhundert vor dem Beginn des Hexenwahns – im 13. Jahrhundert – setzte sich die europäische Heilkunde als Säkulärwissenschaft und als Beruf durch. Die Mediziner waren aktiv an der Ausschaltung der weiblichen Heilkundigen beteiligt – an ihrer Aussperrung von den Universitäten, zum Beispiel – und zwar lange vor der Zeit der Hexenverfolgung«[14]. Damals stand eine Handvoll studierter Ärzte einer großen Masse von Heilpraktikern gegenüber. Zuerst versuchten die Ärzte, die besser gestellten, gebildeten Frauen, die einen städtischen Patientenkreis betreuten, als Konkurrentinnen auszuschalten. Die Universitäten waren für Frauen nicht zugelassen, und Lizenzgesetze wurden geschaffen, um nur den studierten Ärzten die Praxis zu gestatten. »Um 1400 war der Feldzug der Ärzteschaft gegen die städtischen gebildeten Heilpraktikerinnen praktisch in ganz Europa erfolgreich abgeschlossen . . . Jetzt waren sie so weit, um eine Schlüsselposition bei der Ausschaltung der breiten Massen der Heilpraktikerinnen – »den Hexen« – einnehmen zu können. Das partnerschaftliche Verhältnis zwischen Kirche, Staat und Ärzteschaft erreichte mit den Hexenprozessen seinen Höhepunkt. Der Arzt wurde hierzu als medizinischer Gutachter eingesetzt und verlieh somit dem ganzen Verfahren einen Anstrich von »Wissenschaftlichkeit«[15].

Die letzte Domäne der Heilpraktikerinnen blieb die Geburtshilfe. Doch mit der erstmaligen Verwendung der Geburtszange im 17. Jahrhundert zur Beschleunigung langsamer Wehen, drang die männliche Ärzteschaft auch in diesen Bereich vor. Die Geburtszange, die von den Hebammen kritisiert wurde, galt als chirurgisches Instrument, und Frauen war jede chirurgische Tätigkeit gesetzlich verboten. Die Entdeckung der Anästhesie zur Linderung der Wehen im 19. Jahrhundert besiegelte dann endgültig die Aneignung der Geburt durch das medizinische Establishment.

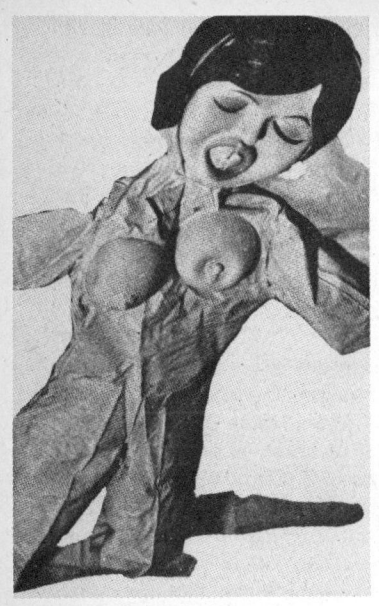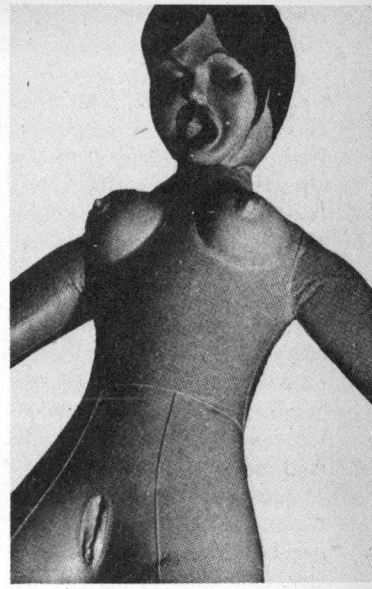

Party-Puppe

Mit der »Party-Puppe« sind Sie nie mehr allein! Sie leistet Ihnen Gesellschaft, wann immer Sie wollen. Und Sie erfüllt Ihnen jeden Wunsch! Sie ist sehr anschmiegsam und absolut anspruchslos. Wenn sie nicht gebraucht wird, läßt sie sich zu einem kleinen Päckchen zusammenfalten. Die »Party-Puppe« ist aus fleischfarbener Kunststoff-Folie gefertigt, aufblasbar und **mit allen weiblichen Vorzügen** ausgestattet. Sie wird ohne Kleidung geliefert, so können Sie sie ganz nach Belieben kleiden.

Best.-Nr. **51 041**   DM **59,80**

Die Ideologie vom schwachen Geschlecht, die bis zu einem gewissen Grad heute noch gilt und für die Rechtfertigung der Diskriminierung der Frau auf den verschiedensten Gebieten herangezogen wird, bekam ihre »wissenschaftliche« Untermauerung im späten 19. und frühen 20. Jahrhundert. Damals wie heute galt diese Ideologie nur für die Mittel- und Oberschichtfrauen, wurde und wird aber notfalls zur Diskriminierung aller Frauen verwendet. In ihrer Broschüre »Complaints and Disorders – The Sexual Politics of Sickness« (Beschwerden und Unpäßlichkeiten – Die Sexualpolitik der Krankheit)[16] analysieren Ehrenreich und English die Sexualpolitik der männlichen Medizin in dieser Periode. Auf dieses Buch beziehen wir uns in der Folge.

Die sozialen Rollen der Frauen aus der Arbeiterklasse und der begüterten Frauen des Bürgertums standen einander diametral gegenüber. Die einen führten ein Leben voller Müßiggang und Langeweile; die anderen schufteten zehn und mehr Stunden täglich für Hungerlöhne in überfüllten, stickigen Fabriken. Eine einheitliche sexistische Ideologie, die diese beiden Realitäten umfaßte, konnte nicht gefunden werden. So mußten sich Biologie und Medizin zwei verschiedene Ansichten über Frauen einfallen lassen, die diesen verschiedenen Welten entsprachen. Es war, als ob es sich um zwei verschiedene Menschentypen handelte. Die reichen Frauen wurden als ihrem Wesen nach krank, schwach und empfindsam gesehen, die Frauen aus der Arbeiterklasse galten als ihrem Wesen nach gesund und robust. Das entsprach auch den Produktionserfordernissen des kapitalistischen Staates. Die Oberschichtfrauen vermehrten das Ansehen ihrer reichen Männer durch Schönheit, Zerbrechlichkeit und Müßiggang; die Arbeiterinnen wurden als billige Arbeitskräfte in der Produktion gebraucht, mußten also »von Natur aus« robust sein. Diese Einteilung entsprach aber ganz und gar nicht der Realität der Frauen. Die Arbeiterinnen litten weit mehr als die reichen Frauen an ansteckenden Krankheiten und Komplikationen bei der Entbindung. Die Arbeiterin wurde zwar nicht ohnmächtig, aber sie war oft Trägerin von Krankheiten wie Typhus, Cholera oder Geschlechtskrankheiten. Unterschichtfrauen galten als Bedrohung der öffentlichen Gesundheit, die mit ihren »minderwertigen« Nachkommen die weiße Rasse unterminierten.

Dahinter stehen zwei uralte Richtungen der sexistischen Ideologie: die Verachtung der Frauen als schwach und schadhaft und die Angst vor den Frauen als gefährliche und beschmutzende Wesen. Die unentwirrbare Verflechtung dieser beiden für verschiedene gesellschaftliche Klassen entworfenen Ideologien bildet die Grundlage der heutigen sexistischen Mythen über die Frau: der Mythos von der physischen Schwäche und Labilität der Frau gepaart mit dem Mythos von ihrer unbegrenzten Widerstandskraft und Belastbarkeit. Die Frau war nie zu schwach, um schwere, schmutzige Arbeit zu verrichten, und immer zu schwach, um in Positionen vorzudringen, welche die Männer für sich beanspruchen, weil sie Ansehen und Macht verleihen. Mit dieser Verquickung zweier Ideologien wird einerseits nicht verhindert, daß die Frauen aus der Arbeiterklasse ausgebeutet werden, andererseits sehr wohl verhindert, daß sowohl sie als auch ihre bürgerlichen Schwestern in der gesellschaftlichen Hierarchie aufsteigen. Es ist deshalb angezeigt, sich vor allem mit jenem Mythos zu befassen, der diesen Aufstieg so wirksam verhindert: dem Mythos vom »schwachen Geschlecht«.

Die wohlhabende Frau verbrachte für gewöhnlich ein friedliches und behütetes Leben im Haus, wo sie sich mit Nähen, Zeichnen, Romane lesen, dem Planen des Speisezettels und der Beaufsichtigung der Dienstboten und der Kinder die Zeit vertrieb. Ihre Kleidung – das enge Korsett und der lange Rock – verhinderten jede Aktivität. Alle waren sich einig, daß sie zerbrechlich und kränklich war. Ihr empfindsames Nervensystem mußte genauso wie ihr Körper vor jedem Schock abgeschirmt werden.

Die Langeweile und das Eingesperrtsein der bürgerlichen Frauen förderte einen morbiden Kult der Hypochondrie. Kurorte und Spezialisten für Frauen entwickelten sich allerorten. Um 1850 erschienen Lesebücher zum Thema Krankheit und Tod, die einen weiblichen Leserkreis ansprachen. Blässe und Schwäche (in fließende weiße Gewänder gehüllt) wurden Mode. (Ein Blick in die heutigen Modejournale bestätigt, daß dieses völlig anachronistische Schönheitsideal nach wie vor vorherrscht). Es wurde allgemein akzeptiert, ja sogar als schick empfunden, sich mit »Migräne«, »Nervosität« oder anderen geheimnisvollen Unpäßlichkeiten ins Bett zurückzuziehen. Dieses Bild der Frau wurde noch verschärft durch die Tatsache, daß besonders junge Frauen tatsächlich sehr tuberkuloseanfällig waren. Sicher warfen die Gefahren von Entbindung und Tuberkulose einen nicht unerheblichen Schatten auf das Leben der Frauen von damals. Doch die wichtigste Rechtfertigung dieser Mode kam nicht von der eigentlichen Gefahr, sondern von der Medizin. Die Medizin ging so weit, die spezifischen Risiken der Frau bei der Entbindung auf alle weiblichen Körperfunktionen auszudehnen. Die Pubertät war eine »Krise«, die Menstruation ein pathologischer Zustand, die Schwangerschaft eine Krankheit, die Wechseljahre das endgültige, unheilbare Übel, der »Tod der Frau in der Frau«. Die Krankheit wurde zu einem allgemein weiblichen Merkmal.

Die Ansicht der Ärzte, daß Frauen von Geburt an krank sind, verschuf ihnen eine sehr bedeutsame Rechtfertigung für den Ausschluß der Frauen aus allen Aktivitäten. Medizinische Argumente wurden herangezogen, um Frauen das Recht auf höhere Bildung und das Wahlrecht abzusprechen. Außerdem hatten die Ärzte ein handfestes finanzielles Interesse an der Aufrechterhaltung dieses Kults der weiblichen Hypochondrie; die Frauen der Oberschicht wurden somit zu sicheren Kundinnen des aufsteigenden Ärztestandes.

Ein wichtiger Effekt des Mythos der weiblichen Kränklichkeit war die Abhängigkeit der Oberschichtfrauen von ihren Männern. Finanziell war die Frau aus den »besseren Kreisen« sowieso schon abhängig, jetzt hing auch ihr physisches Überleben an ihrem Mann und ihrem Arzt. Der Glaube an ihre eigene körperliche Schwäche und Krankheit garantierte ihre Gefügigkeit. Eine Todgeweihte bringt nicht mehr die Energie auf, aus ihrem Gefängnis auszubrechen.

Die Frau wurde vollständig auf ihre Reproduktionsorgane reduziert. Man hielt sie für ihre wichtigsten, ihren ganzen Körper beherrschenden Organe. Jede übertriebene sexuelle, körperliche oder geistige Aktivität würde diese Organe schwächen. Die Frau sollte ihre gesamten physischen Energien auf ihren Schoß konzentrieren. Höhere Bildung zum Beispiel war gefährlich. Eine übermäßige Entwicklung des weiblichen Gehirns würde eine Verkümmerung des Uterus herbeiführen. Der Uterus war das wichtigste Organ des weiblichen Körpers. Die Ärzte führten alle weiblichen Beschwerden auf eine Erkrankung der Gebärmutter oder der Eierstöcke zurück.

Zwischen Fortpflanzung und Sexualität jedoch wurde ein fester Trennungsstrich gezogen. Die Frauen wurden zwar dazu angehalten, sich ganz auf ihre Fortpflanzungsfähigkeiten einzustellen und alle Energie dafür zu speichern, doch »natürliche« sexuelle Gefühle wurden als unweiblich und pathologisch angesehen.

Die Behandlungsmethoden, die Ehrenreich und English beschreiben, muten wie Folterberichte an. Bei chronischem Ausfall der Periode wurden in manchen Fällen Blutegel an den Gebärmutterhals angelegt, trotz der Gefahr, daß diese manchmal in der Gebärmutter verloren gingen[17]. »Persönlichkeitserkrankungen« von Frauen wurden durch gynäkologische Chirurgie »geheilt«. Ist der ganze weibliche Körper von Gebärmutter und Eierstöcken bestimmt, so erscheint es logisch, daß deren Entfernung so manches psychologische Problem lösen kann. Zwischen 1860 und 1890 wurden in den USA tausende solcher Operationen durchgeführt, die auch »weibliche Kastration« genannt wurden. Oft wurden die Patientinnen von ihren Ehemännern eingeliefert, die sich über ihr ungestümes Verhalten beschwerten. Als sie »kastriert« zu ihren Ehemännern zurückkehrten, waren sie »gefügig, ordentlich, fleißig und sauber«. Das Ausmaß, das diese Operationen angenommen haben mußten, läßt sich daran ablesen, daß manche Ärzte behaupteten, zwischen 1500 und 2000 Eierstöcke entfernt zu haben.

Nachfolgender Bericht stammt allerdings aus dem Jahre 1975 und wurde in der italienischen Frauenzeitschrift *effe* veröffentlicht:

Eine siebenundzwanzigjährige Frau aus Cagliari, Sardinien, die ihr Leben lang in Klosterschulen, Heimen, psychiatrischen Kliniken und Gefängnissen zubrachte, erzählte der italienischen Feministin Adele Faccio im Jahre 1975: ». . . Ich wurde ins Gefängnis gesteckt. Da habe ich wieder rebelliert, und sie haben mich nach Pozzuoli in die Gefängnisirrenanstalt geschickt. Weißt du, was ich dort für Schläge gekriegt habe? Weil ich die Beine nicht ausstrecken wollte, als sie mich festschnallen wollten, haben sie mir das Knie gebrochen. Durch die vielen Spritzen habe ich Infektionen bekommen, schau, was für einen Hintern ich habe, voller Risse und Löcher. Schau her, was für eine Wunde sie mir gemacht haben, *als sie mir einen Eierstock herausnahmen. Was weiß ich, warum?* Schau, was für einen Bauch ich habe, sieht aus wie ein Schützengraben . . .«

Eine der Behandlungsmethoden war wahrscheinlich wirklich erfolgreich: die chirurgische Entfernung der Klitoris als Heilmittel für sexuelle Erregung. Ein medizinisches Buch aus der Zeit meinte:»Das unnatürliche Wachstum der Klitoris . . . kann sowohl zu Morallosigkeit als auch zu ernsthafter Erkrankung führen ... eine Amputation mag sich als notwendig erweisen«[18]

Heute werden die Beschneidung der Klitoris und die Verstümmelung der weiblichen Geschlechtsteile »nur« noch in Jemen, Saudiarabien, Äthiopien, Sudan, Ägypten, Irak, Jordanien, Syrien und weiten Teilen Ost-, West- und Zentralafrikas praktiziert. Der folgende Bericht aus Guinea wurde beim Brüsseler Tribunal verteilt:

»Eines Tages wurde ich Zeugin dieser grausamen Verstümmelung, die in meinem Land Beschneidung heißt und an Mädchen im Alter von 10 bis 12 Jahren, d. h. ein Jahr vor ihrer Pubertät, durchgeführt wird.

Fatou war auf dem Boden auf dem Kies ausgestreckt. Sechs Frauen umgaben sie, von denen die Älteste, die Beschneiderin, aus ihrer Familie stammte. Fatou wurde von den Frauen, die ihr die Beine spreizten, mit festem Griff gepackt, um sie möglichst unbeweglich zu halten, trotz der verzweifelten Zuckungen ihres Körpers. Der Eingriff fand bei vollem Bewußtsein statt, ohne die mindeste Hygiene oder irgendwelche andere Vorsichtsmaßnahmen. Die alte Frau machte mit Hilfe eines Flaschenverschlusses einen großen Schnitt in den oberen Teil des Geschlechts meiner Freundin, um damit den größtmöglichen Teil der Klitoris herauszuschneiden. Eine »begrenzte Beschneidung gibt nicht genügend Sicherheit vor der Lüsternheit des Mädchens«. Der schlecht geschliffene Flaschenverschluß schnitt nicht tief genug in das Geschlecht meiner Schwester und die Beschneiderin mußte einige Male nachschneiden. Das Blut spritzte. Die psalmodierenden Gebete konnten die Schreie nicht übertönen.

Als die Klitoris herausgeschnitten war, heulten die Frauen ihre Freude heraus und zwangen meine Schwester, trotz der großen Blutungen aufzustehen, um sie durch das Dorf zu führen. Mit einer weißen Schlachterschürze bekleidet, die Brüste nackt – vor der Beschneidung zeigen die Frauen sich niemals nackt in der Öffentlichkeit – schleppte sie sich mühsam vorwärts. Etwa zehn Frauen, junge und ältere, sangen hinter ihr her und begleiteten sich dabei mit einem Musikinstrument. Sie zeigten dem Dorf an, daß meine Freundin heiratsfähig war. In Guinea heiratet kein Mann eine unbeschnittene, nicht mehr jungfräuliche Frau. Ausnahmen sind sehr selten.

Die Vernarbung dauert zwei bis drei Wochen und ist von grauenhaften Schmerzen begleitet. Meine Freundin heulte jedesmal vor

Schmerzen, wenn sie urinieren mußte. Um die Verbrennungen zu lindern, trug sie eine kleine Wasserkanne bei sich und schüttete beim Urinieren Wasser nach. Sie hatte Glück, daß keine Komplikationen auftraten. Denn Infektionen und sonstige Beschwerden sind keine Seltenheit. Bei einigen meiner Freundinnen entstand beim Ansatzpunkt des Klitorisnervs ein Nevrom, das bei der geringsten Berührung schneidende Schmerzen auslöste, denen ähnlich, die etwa nach einer Beinamputation auftreten können.

In meinem Land, Guinea, werden 85 % aller Frauen heute noch beschnitten, und mein Land gilt als fortschrittlich.

In anderen Ländern reicht diese Verstümmelung noch nicht aus. Dort müssen die Frauen auch noch »genäht« werden, um sie endgültig ihres Körpers zu berauben. Nachdem man der Frau bei vollem Bewußtsein einen Teil der großen Schamlippen herausgeschnitten hat, bringt man die Wundflächen aneinander und heftet sie mit Dornen zusammen. So läßt man sie vernarben. Frei bleiben nur die notwendigen Öffnungen für Urin und Menstruationsblut. Die junge Frau muß vor ihrer Hochzeit von ihrem Mann mit Hilfe eines Rasiermessers »aufgetrennt« werden. Der Ehemann kann zudem jederzeit verlangen, daß seine Frau sich wieder »zunähen« läßt, wenn er sie auf gewisse Zeit verlassen will.

Wir sind über die Kulturen, in denen Frauen solche Gewaltakte angetan werden, nicht genügend informiert, um eine Analyse anstellen zu können. Wir haben sogar lange gezögert, einen Bericht über die Klitorisbeschneidung in dieses Buch aufzunehmen, weil wir uns nicht des westlichen Kulturimperialismus schuldig machen wollten. Doch die Ähnlichkeiten mit Praktiken, die vor gar nicht allzu langer Zeit auch in Europa und den USA (– in den USA wurde die letzte Klitoridektomie im Jahre 1949 an einem fünfjährigen Mädchen als Heilung für Masturbation vorgenommen –) üblich waren, überzeugten uns, daß es sich hier nicht um orientalische oder afrikanische Kultur, sondern um Männer»kultur« handelt. Hier wie dort. Und daß diese patriarchalische Gewalt gegen den weiblichen Körper und seine Sexualität öffentlich gemacht werden muß, egal hinter welchen religiösen oder kulturellen Mythen sie sich verschanzt. Noch können die Frauen, die Opfer solcher Brutalität sind und allesamt unter extrem patriarchalischen Verhältnissen leben, nicht für sich selbst sprechen. Wenn sie sprechen, dann anonym, in einer

Fremdsprache und durch die Unterstützung westlicher Frauengruppen. In diesem Fall der französischen MLF, die sich schon seit einiger Zeit mit dem Problem der Klitoridektomie befaßt. Unsere Aufgabe kann es im Augenblick nur sein, für unsere noch stummen Schwestern Vorarbeit zu leisten, Öffentlichkeit zu schaffen, indem wir ihre Lage beschreiben, auf die Gefahr hin, sie von unserem Blickwinkel aus verzerrt wiederzugeben. Nach den Schilderungen, die wir über Guinea, Kenya, dem Sudan gelesen haben, erscheint uns eines klar: der Frau soll ihre Sexualität, ihre »Lüsternheit« genommen werden. Sie soll alleiniges sexuelles Gebrauchsobjekt ihres Ehemannes und Gebärerin seiner Kinder sein. Sie soll so wenig Freude an Sexualität haben, daß es ihr ganz gewiß nicht einfällt, ihn zu betrügen. Doch die Angst der Männer vor der Lüsternheit der Frauen ist in manchen Gegenden so groß, daß die Beseitigung der Klitoris noch nicht ausreichende Garantie bietet und sie obendrein noch zugenäht werden muß. Auch in Europa gab es den Keuschheitsgürtel. Welche ungeheure Sprengkraft muß doch die weibliche Sexualität besitzen, wenn die Männer zu solchen Vorsichtsmaßnahmen greifen müssen!

In Afrika das Messer – bei uns die Psychiatrie

Heute hat der Mann in Europa und in den USA feinere Methoden entwickelt als das Messer, um die Frau bei der Stange zu halten.
Als im 19. Jahrhundert die Oberschichtfrauen als Rebellion gegen ihr behütetes, langweiliges Gefängnisdasein die Hysterie entdeckten, wurde sie vorerst für eine echte Krankheit, eine Erkrankung des Uterus gehalten (Hysterie kommt vom griechischen Wort für Gebärmutter). Doch in ihren Behandlungsmethoden und in ihren Schriften nahmen die Ärzte einen immer wütenderen und drohenderen Tonfall an. Ein Arzt schrieb: »Manchmal wird es ratsam sein, in Anwesenheit der Patientin in einem festen Ton zu sprechen; es mag sich die Notwendigkeit ergeben, ihr den Kopf zu rasieren oder sie unter die kalte Dusche zu stellen, sollte sich ihr Zustand nicht bessern«[19]. Je hysterischer die Frauen wurden, desto mehr nahm die Behandlung einen Strafcharakter an: gleichzeitig begannen die Ärzte jede unabhängige Handlung einer Frau, insbesondere aber die Frauenrechtsbewegung, als »hysterisch« zu bezeichnen.

Doch die Hysterie-Epidemie war mehr als ein bizarres Intermezzo der Medizingeschichte. Sie erlangte ungeahnte Bedeutung durch den neuen »wissenschaftlichen« Ansatz, den die Ärzte für die medizinische Unterwerfung der Frauen entdeckten. Sigmund Freud hob diese Krankheit aus dem Feld der Gynäkologie in das der Psychiatrie. Für Freud war Hysterie eine psychische Krankheit. Seine Therapie bestand darin, die Patientin dazu zu bringen, ihre Widerstände und rebellischen Gefühle auszudrücken und sich schließlich in ihre Frauenrolle zu fügen. »Unter Freuds Einfluß übergab allmählich der Gynäkologe das Skalpell für die Zerstückelung der weiblichen Natur dem Psychiater«[20]. Die Freud'sche Theorie über die weibliche Natur ist eine direkte Fortsetzung der Ansicht der Gynäkologen, die sie ersetzte. Sie hält die weibliche Persönlichkeit für an sich schadhaft, diesmal aufgrund des Fehlens eines Penis. Frauen sind noch immer »krank«, und ihre Krankheit ist noch immer durch ihre Anatomie vorbestimmt. Die Klitorisentfernung wird ersetzt durch die Theorie vom vaginalen Orgasmus als der einzigen »normalen« Art der Frau, sexuelle Befriedigung zu erlangen. Mit dem Effekt, daß ein großer Prozentsatz der Frauen in Europa und in den USA genauso »frigid« sind wie vermutlich ihre beschnittenen afrikanischen und arabischen Schwestern.

Die Geburt – eine Krankheit

Die Geschichte der Gynäkologie des 19. und 20. Jahrhunderts, eine Geschichte der Frauenverachtung, erklärt, warum Geburten in Europa und in den USA heute so gewaltsame, erniedrigende Erlebnisse im Leben einer Frau darstellen. Aus der Angst der Männer vor dem Öffnen der weiblichen Wunde in der Stunde der Geburt war eine von Männerblicken und -wirken streng abgeschirmte weibliche Subkultur entstanden. Menstruation, Klitorisbeschneidung und Geburt waren weibliche Domäne. Doch die männliche Medizin bemächtigte sich dieses letzten weiblichen Bereichs. Das Geheimnis des Lebens wurde den Frauen entrissen. Chloroformiert, in wehrloser Rückenlage, ist die gebärende Frau heute ein passiver Körper, an dem der Arzt arbeiten kann, wie an einer leblosen Puppe. Die Geburt wird zu einem medizinischen Drama, der Kreißsaal zum Operationssaal, der Arzt zum Helden, zum eigentlichen Schöpfer. Die Geburt eines neuen

Lebens, ein ganz natürlicher Vorgang, wird durch den Krankenhausaufenthalt zu einer Krankheit und einer Notsituation. Es ist eher die Angst, die das Krankenhaus einflößt als der wirkliche Schmerz, die den Geburtsvorgang so traumatisch gestaltet.

»Dann kommt die nächste, da herrschen schon rauhere Töne. Es wird geschrien wie am Spieß, vor allem das Personal schreit. Überhaupt ist ein satanischer Lärm in diesem Kreißsaal, Türen schlagen, daß es einen aus dem Bett hebt, Zugluft weht, Putzfrauen kommen kesselklappernd, fetzenklatschend vorbei. Da ein ständiges Beckenklirren und Schüsselaufeinanderprallen, kein Speculum, das nicht dröhnend in seinen Behälter saust. Gelächter und Gekreische, besonders wenn es einer Patientin schlechter geht. Die stöhnenden Frauen liegen da wie die Kälber, keiner achtet auf ihr Bitten und Betteln, dann laufen plötzlich doch alle zusammen«[21]. So erlebte die österreichische Schriftstellerin Marie-Thérèse Kerschbaumer die Geburt ihres ersten Kindes in Wien. Eine andere Wienerin sinniert über das Krankenhaus: »In der Kinderfabrik herrscht Hochbetrieb. Ich stehe im Vorraum der Produktionshalle, die halbfertige Ware unter dem Poncho verborgen. Grüne Hauben, weiße Mäntel hasten an mir vorbei. Man nimmt kaum Notiz von mir. Akkordarbeit – man hat keine Zeit. Ich werfe einen Blick in den Saal. Eine Gebärmaschine neben der anderen. ›Ich bin noch nicht in Betrieb‹, sinniere ich, ›ich bin noch nicht eingeschaltet‹.[22]«

Fließbandproduktion, Lieblosigkeit, Einsamkeit, Rücksichtslosigkeit, Passivität, ohrenbetäubender Lärm – das sind die Bedingungen, unter denen wir Frauen heute im Zeitalter der Technik und der fortgeschrittenen Medizin unsere Kinder zur Welt bringen müssen. Doch das ist auch heute nicht überall so. In Holland wird die Hälfte aller Kinder zu Hause geboren, unter Assistenz der Hebamme oder des Hausarztes. Meistens ist auch der Vater dabei. In der vertrauten Umgebung, den Mann an der Seite, überläßt sich die Gebärende ohne Angst den Wehen und die Geburt verläuft meistens glatt. Außer der Hebamme, die zehn Tage lang das Befinden der Mutter und des Kindes kontrolliert, kümmert sich noch eine staatliche Hilfe um den Haushalt der Wöchnerin. Sie kocht, wäscht, kauft ein, macht sauber und hütet die Kleinkinder[23]. In den USA sind die Hausgeburten im Anwachsen, weil die öffentliche Gesundheitspflege immer entfremdeter und unmenschlicher wird. Trotz aller Medikamente, Maschinen und sogenannten Erkenntnisse der modernen Medizin ist die Sterblichkeit der in Kliniken geborenen Babies höher als die der Babies, die zu Hause mit Hilfe von Hebammen zur Welt kommen[24]. Eine Hebammenbewegung in den USA versucht, die Geburt aus der herkömmlichen Schulmedizin herauszulösen und sie den Frauen zurückzugeben, sie wieder zu dem zu machen, was sie ursprünglich einmal war: eine der wichtigsten und intensivsten körperlichen Erfahrungen unseres Lebens, die wir, nicht von Medikamenten umnebelt, aktiv erleben und gestalten sollten.

Einer der Ärzte, der Kritik an der heute gebräuchlichen Entbindung übt und sich dafür den Zorn der Ärzteschaft zugezogen hat, ist der französische Arzt Frederick Leboyer. In seinem Buch »Der sanfte Weg ins Leben. Geburt ohne Gewalt«[25] beschreibt er von der Sicht des Kindes den ersten Gewaltakt, der dem Neugeborenen zugefügt wird. Unter ohrenbetäubendem Getöse und im gleißenden Licht wird das Baby aus dem warmen schützenden Mutterleib gezerrt. Die Luft brennt wie Säure in seinen Lungen. Es wird an den Beinen gepackt, der Kopf hängt nach unten. Die von der Lage des Kindes im Mutterleib noch gekrümmte Wirbelsäule wird mit einem schmerzhaften Ruck losgelassen. Dann wird es auf die eiskalte stählerne Waagschale gelegt, die wie Feuer brennt. Es wird in rauhe, beklemmende Kleider gesteckt und alleine gelassen. Leboyer entbindet in seiner Klinik die Babies im Dämmerlicht, die Geräusche sind gedämpft, die Bewegungen langsam. Nach der Geburt wird das Kind auf den Bauch der Mutter gelegt, um die Einheit zwischen Mutter und Kind wieder herzustellen und dem Kind die Angst vor dem grenzenlosen Raum zu nehmen. Die Nabelschnur wird nicht durchschnitten, solange sie noch pulsiert. So wird das Kind von zwei Seiten mit Sauerstoff versorgt und kann sich langsam an das Atmen gewöhnen. Dann wird es, immer mit langsamen Bewegungen, in ein körperwarmes Bad getaucht, wo es die Schwerelosigkeit des Fruchtwassers wiederfindet. Die Fotografien von glücklich lächelnden Neugeborenen, von Neugeborenen mit glatter Stirn und großen staunenden Augen stehen in scharfem Kontrast zu den angstverzerrten, zerfurchten Gesichtern uns bekannter Neugeborener.

Die Achtung für Schwäche und Verletzbarkeit sind so selten, daß Leboyers Buch mit seiner Sorge für die starke Empfindsamkeit des Neugeborenen radikaler und origineller erscheint, als es in Wirklichkeit ist. Mit Ausnahme seiner Vorliebe für schummrige, schallgedämpfte Kreißsäle, in denen sogar die Mutter dazu angehalten wird, keinen lauten oder scharfen Ton von sich zu geben, entsprechen seine Methoden dem normalen Vorgehen von Hebammen in verschiedenen Teilen der Welt. Doch in unserer total technisierten, arztzentrierten Welt der Spitalsgynäkologie erscheinen seine Vorschläge in der Tat radikal. Doch radikal ist er nur, was das Kind betrifft. Leboyer setzt voraus, daß alle Probleme der Geburt für die Mutter gelöst sind und nimmt eine eher aggressive Haltung gegen die Mutter ein. Er ist es, der das Kind entgegennimmt, er ist der eigentliche Schöpfer des Kindes, er ist es, der der Mutter zeigen muß, wie sie ihr Kind zu berühren hat. Auch hinterfragt er weder die Verabreichung von schädlichen Medikamenten noch die passive Rückenlage der Mutter. Die Rückenlage ermöglicht der Frau nicht, aktiv an der Geburt teilzunehmen. Sie verlängert den Geburtsvorgang, weil das Kind zwischen den Wehen wieder zurückrutschen kann und die Schwerkraft nicht zum Tragen kommt. Wenn der Uterus auf der größten Vene des Körpers zu liegen kommt, bekommt der Fötus zu wenig Sauerstoff. Der Dammschnitt gehört heute zur Geburtsroutine, um einen Riß des Perineums zu verhindern. Doch in einer anderen Position, etwa hockend oder in einem Gebärstuhl, reißt das Perineum viel seltener. Dr. Robert Caldeyro-Barcia aus Argentinien sagt zur Rückenlage: »Außer an den Füßen aufgehängt zu werden, . . . ist die Rückenlage die denkbar schlechteste Lage für Wehen und Geburt«[26].

In ihrem Buch über Mütter und Hebammen in Yucatan berichtet Brigitte Jordan, daß Hebammen in Yucatan die gebärenden Frauen dazu anhalten, jene Form zu finden, die ihnen am meisten entspricht. Die Hebamme ist dann verpflichtet, ihr beizustehen, egal, welche Entscheidung sie getroffen hat. Das bedeutet nicht, daß diese Geburten schmerzfrei sind, aber daß unnützer Schmerz vermieden wird und Temperament und Körperbau der einzelnen Frau respektiert werden[27].

Eine ähnliche Einstellung, die sich so maßgeblich von jener der heute praktizierenden Ärzte unterscheidet, haben auch amerikanische Hebammen: ». . . das Schöne daran, eine Hebamme zu sein, ist unter anderem, daß wir uns der Situation anpassen, anstatt sie zu kontrollieren. Von uns wird keine besondere Rolle erwartet, die wir starr auszufüllen hätten. Ich habe Frauen gehabt, die mich nur ab und zu brauchten, wenn sie sich unsicher fühlten – und das einzige, was sie von mir brauchten, war zu sagen: ›Alles in Ordnung‹. Vielleicht mußt du zu der Frau auch wie eine Mutter sein – eine Nährerin – oder vielleicht mußt du einfach im Hintergrund bleiben – aber du als Hebamme fügst dich bei einer Geburt immer in den Platz ein, der für dich da ist; wohingegen der Arzt immer die Kontrolle behalten muß; er muß immer die Befehlsgewalt haben, und er muß immer recht behalten«[28].

Suzanne Arms[29] beschreibt eine Geburt, bei der Mutter und Kind ein Kontinuum darstellen, bei der das psychische und physische Wohlergehen von Mutter und Kind, im Gegensatz zu Leboyer, untrennbar miteinander verbunden sind.

»Gleich auf den Bauch der Mutter gelegt, während es noch mit ihrer Placenta verbunden ist (durch die noch intakte Nabelschnur) findet das Baby die Mutterbrust und beginnt mit seiner ersten Saugtätigkeit. Die bloße Berührung der Brustwarze der Mutter regt die Nerven in ihrer Brust an, die dem Uterus vermitteln, daß das Kind draußen und in Sicherheit ist. Als unmittelbare Reaktion beginnt der Uterus die Placenta abzustoßen. Inzwischen stimuliert die Saugtätigkeit des Kindes seine Atmung und Wärmeerzeugung. Am wichtigsten aber findet das Neugeborene Frieden und Ruhe im direkten Kontakt mit dem warmen Körper der Mutter. Dieser Augenblick der Sicherheit ist der erste, den es seit Beginn der Wehen erfahren hat«[30]. Auch so könnte eine Geburt aussehen.

Frauen wehren sich: Selbsthilfe

In der Praxis der modernen Medizin ist der Patient ein willenloses Objekt, der so wenig wie möglich über sich selbst und seinen Körper wissen soll. Der Arzt spricht prinzipiell nur lateinisch und griechisch, verschreibt wortlos Medikamente und enthält dem Patienten alle ihn betreffenden wichtigen Informationen vor. Auf Fragen reagiert er eher irritiert. Zur Erhaltung der ärztlichen Autorität muß sich der Patient völlig in die Hand des Arztes begeben.

Die Frauen leiden besonders unter der bürgerlichen Medizin, weil sie ausgeprägt patriarchalische Züge trägt. Wie sehr die Zweierbeziehung Gynäkologe–Patientin in die sexuelle Beziehung zwischen Mann und Frau übergeht, dokumentieren die »Ärzte-Romane«, in denen die Heilung oft mit einer Heirat zusammenfällt. Der Objektcharakter der Patientin findet in der Gynäkologie seinen Höhepunkt. In den USA ist die Patientin durch ein Leintuch vom Arzt getrennt. Sie stellt also für ihn nur ein Loch dar, während der Untersuchung gibt es keinerlei Kommunikation zwischen Arzt und Patientin. Keinerlei Erklärungen werden gegeben. Bei Ausfluß verschreibt der Arzt meistens immer dieselben Tabletten oder Zäpfchen, die nur oberflächlich und kurzfristig nützen. Sehr oft wird Ausfluß auch als etwas Normales hingestellt, als eine Erkrankung, die einfach zum Frausein dazugehört.

Normalerweise haben nur zwei Personen Zugang zu unserem Geschlechtsorgan: der Mann und der Gynäkologe. Für uns selbst ist unser Körper tabu; wir wagen es kaum, ihn zu berühren, geschweige denn, in ihn hineinzuschauen.

Wie wir gezeigt haben, wurde und wird die Gynäkologie zur Beherrschung und Unterdrückung von uns Frauen verwendet. Dies zu entlarven in einer Wiederaneignung der Wissenschaft, ist unser Kampfziel. Indem wir uns selbst untersuchen, leisten wir dazu den ersten Schritt. Wir überwinden die Widerstände, die uns von unserem eigenen Körper und dem Körper anderer Frauen trennen und »lernen unsere Sexualorgane in bezug auf uns selber ernst zu nehmen – anstatt nur in bezug auf die Männer«[1]. Durch das Plastikspekulum können wir den Gebärmuttermund, die Muttermundsöffnung, die Schleimabsonderung des Gebärmutterhalses, die Scheidenschleimhaut und deren Sekret beobachten. Dieses Wissen über uns selbst ist ein Ansatz zur Wiedereroberung der alten Volksmedizin, die uns Frauen entrissen wurde. Es ist ein Eingriff in die Allmacht der auf Herrschaft und Profit ausgerichteten kapitalistischen Medizin. Die Gynäkologen reagieren darauf auch meistens fassungslos, aggressiv oder mit Spott. Eine Frau, die Bescheid weiß über ihren Körper und dem Arzt bei der Untersuchung und Behandlung auf die Finger schauen kann, ist lästig und gefährdet seine Autorität. Er wird alle seine Machtmittel einsetzen, um sie einzuschüchtern.

Doch kollektiv kann es den Frauen gelingen, Druck auf die Ärzte auszuüben. Selbsthilfegruppen gibt es heute fast in allen autonomen Frauenorganisationen. Die Frauen beobachten einander und sich selbst regelmäßig, registrieren Veränderungen am Gebärmutterhals, Entzündungen, Auswirkungen von Verhütungsmethoden und vergleichen die Aussagen von »Autoritäten« über den weiblichen Körper mit der Realität. Sie stehen in einem ständigen Erfahrungsaustausch mit anderen Selbsthilfegruppen. Sie informieren Frauen darüber, wie eine gründliche gynäkologische Untersuchung vor sich zu gehen hat. Auf der Grundlage dieser Anleitungen werden in vielen Städten Listen von Gynäkologen erstellt, die als nachlässig und frauenfeindlich gelten. Je stärker die Frauenbewegung wird, desto mehr können Gynäkologen auf diese Weise unter Druck gesetzt werden. In manchen Städten in den USA stellen die Frauengruppen mit ihren »schwarzen Gynäkologenlisten« bereits eine ernsthafte Profitbedrohung dar.

In Selbsthilfegruppen werden auch die Vakuum-Absaugmethode studiert und die einzelnen Instrumente im Hinblick auf eine möglichst schmerzfreie Abtreibung verändert. Nach derselben Methode können sich die Frauen auch die Regel absaugen. Setzt etwa die Menstruation nicht zum richtigen Zeitpunkt ein und besteht die Möglichkeit einer Schwangerschaft, so ist das eine relativ einfache Form der Abtreibung. Ziel vieler Selbsthilfegruppen ist die Errichtung von Selbsthilfe-Kliniken unter der Kontrolle von Feministinnen, wie sie bereits in den USA existieren.

Die Selbsthilfebewegung strebt nicht an, das, was als Lehrstoff an den Universitäten gelehrt wird, einzuholen, sondern durch eigene Erfahrung fähig zu sein, den Stand der derzeitigen Gynäkologie zu beurteilen, die ärztliche Praxis zu kontrollieren und Alternativen zu entwickeln. Die Selbsthilfebewegung will gegen die autoritäre Beziehung zwischen Arzt und Patientin und gegen die frauenfeindlichen Methoden ankämpfen, mit denen abgetrieben wird und die bei der Geburt angewendet werden. Wiederum kann es nicht darum gehen, daß private Initiativen die staatliche Krankenversorgung entlasten. Es sollen aufgrund gründlicher Kenntnis Kritik an der herrschenden Medizin geübt und exemplarische Modelle für eine »Gegenmedizin« entwickelt werden. Ebenso wie bei den Frauenhäusern müßten die Frauen vom Staat die Errichtung und finanzielle Absicherung von Frauen geführter gynäkologischer Kliniken fordern. Die Gynäkologie muß wieder eine Sache der Frauen werden.

Der Kampf der italienischen Frauen für die Selbstbestimmung über ihren eigenen Körper

Die Frauenbewegung hat sich in Italien vor allem um den Kampf um die Liberalisierung der Abtreibung formiert. Der massiven Wand an Frauenfeindlichkeit von seiten des Staates, der Ärzteschaft und allen voran des Vatikans begegnen die Frauen mit einem weitläufigen Selbsthilfesystem. Zwar ist seit dem 18. Februar 1975 die »therapeutische Abtreibung« legal, doch selbst für Frauen, die mit Sicherheit ein verkrüppeltes oder mongoloides Kind zur Welt bringen würden, ist es – wenn sie nicht dafür bezahlen können – unmöglich, ein staatliches Krankenhaus oder eine Privatklinik zu finden, die bereit wären, den Eingriff vorzunehmen. Vor zwei Jahren wurde die CISA (Centro Informazione Sterilizzazione e Aborte – Informationszentrum für Sterilisation und Abtreibung) von Frauen aus der Radikalen Partei[2] gegründet. Seither hat CISA nach eigenen Angaben in 15 großen italienischen Städten etwa 100000 Schwangerschaftsabbrüche vorgenommen[3]. Sie arbeitet mit 15 voll ausgebildeten Ärzten, die den rund 135 freiwilligen Helferinnen beigebracht haben, wie man mit der Vakuum-Absaugmethode Schwangerschaftsabbrüche vornimmt. Die Eingriffe finden in Privatwohnungen statt, die häufig gewechselt werden, aus Furcht vor der Polizei. Im Januar 1975 flog eine CISA-Klinik in Florenz auf, der Arzt wurde verhaftet. Allein in Rom hält die CISA zweimal pro Woche Sprechstunden und berät dabei zwei- bis vierhundert Frauen. »Eines der wichtigsten Dinge, die die Frauen hier erfahren«, erklärt eine CISA-Helferin, »ist das Wissen, daß . . . sie mit diesem Problem nicht mehr alleinstehen. Sie erleben ein Gemeinschaftsgefühl, das ihnen hilft, die Angst zu überwinden. Die Frauen helfen sich gegenseitig – die Wohnungen besorgen, in der die Eingriffe stattfinden, die notwendigen Spritzen und Betäubungsmittel in verschiedenen Apotheken kaufen, ohne daß jemand Verdacht schöpft«[4].
Wenn Frauen wegen Abtreibung verurteilt werden, erklären sich in ganz Italien tausende Frauen solidarisch:
– Aus Protest gegen zwei Prozesse gegen Luisa Maseri und Marisa Benetti ketteten sich im April 1976 mehrere Frauen an den Petersdom an und traten in den Hungerstreik.
– Mehrere Frauen besetzten den Mailänder Dom, als bekannt wurde, daß der Entwurf gegen die Abtreibung mit der Stimmen-

mehrheit der Christdemokraten und der faschistischen MSI durchgesetzt worden war[5].

Höhepunkte erreichte der Protest der Frauen am 6. Dezember 1975 und am 3. April 1976, als Hunderttausende Frauen in Rom für freie und kostenlose Abtreibung demonstrierten.

Wichtig ist auch der Kampf der Frauen um mehr und bessere »consultori« – staatliche medizinische Beratungsstellen für Frauen. Frauenkollektive in den Stadtteilen haben die »consultori« besetzt, als diese noch in den Händen der Christdemokraten waren. Heute fordern die Frauen, daß die Ärzte, die dort arbeiten, von den Frauen kontrolliert werden. Auch eigene »consultori« wurden von Frauengruppen eröffnet. Dort geht es darum, die Frauen zu beraten, wie sie am besten an Verhütungsmittel, Abtreibungen und kostenlose gynäkologische Untersuchungen kommen und wie sie ihre Interessen, was ihre Gesundheit betrifft, am besten durchsetzen können. Auf keinen Fall soll die ohnehin miserable Gesundheitspflege für Frauen den staatlichen Institutionen abgenommen werden. Auch in den Betrieben wird der Kampf um vom Staat und den Unternehmern bezahlte gynäkologische Betreuung geführt. Vor einem Jahr haben z. B. die Frauen einer Textilfabrik in Bozen (in der Fabrik sind nur Frauen beschäftigt) die Fabrik besetzt, um ihre Forderung nach besserer Bezahlung durchzusetzen. Während der Fabrikbesetzung organisierten sie dann in den Fabrikhallen eine Ausstellung über Verhütungsmittel. Überhaupt haben die Arbeiterinnen spezifische Forderungen zum Schwangerschaftsschutz entwickelt. So verlangen sie z. B. Urlaub im zweiten oder dritten Schwangerschaftsmonat, weil in der Zeit die Zahl der Fehlgeburten sehr hoch ist[6].

Frauen gemeinsam sind stark

Individueller Protest

Der Widerspruch zwischen den Möglichkeiten, die den Frauen theoretisch offen stehen, und der offen ausbrechenden Gewalt, sobald sie von diesen Möglichkeiten über eine bestimmte Grenze hinaus tatsächlich Gebrauch machen, wird immer schärfer. Die Frauen spüren das und reagieren individuell. Viele werden »krank« oder »wahnsinnig«. »Allein in der Bundesrepublik sind nach Schätzungen des Müttergenesungswerkes mindestens eine Million Hausfrauen kurz vor dem seelischen und körperlichen Zusammenbruch«[1]. Auch im 19. Jahrhundert wehrten sich die Frauen des Bürgertums gegen ihr unmündiges Leben im goldenen Käfig und wurden »hysterisch«.

Aber immer mehr Frauen machen Schluß damit, ihre Aggressionen gegen sich zu kehren und gehen zur Offensive über. Die Geburtenrate sinkt, die Frauen brechen aus der Ehe aus, laufen davon, lassen sich scheiden, fangen alleine, ohne Ausbildung und Beruf, ganz von vorne an und lernen, endlich vollwertige Menschen zu werden.

»Noch vor zehn Jahren«, berichtet Ed Goldfader, der Besitzer eines New Yorker Detektivbüros, »kam auf 300 weggelaufene Männer eine Frau«[2]. 1973 gab es erstmals gleich viele männliche und weibliche »Ehe-Flüchtlinge«. Und im letzten Jahr wurden 147 Frauen mehr vermißt als Männer[3]. Dieser Widerstand der Frauen wird in gesundem männlichen Selbsterhaltungstrieb etwas verkorkst interpretiert: »Viel Schuld trägt an dieser Entwicklung auch die Frauenbefreiungsbewegung. Man hat den Frauen Amerikas so lange eingetrichtert, daß sie Sklavinnen ihrer Ehemänner und Familien sind, und jetzt glauben sie es«.(!)[4]

Immer mehr Frauen ziehen es vor, alleine zu leben, mit einer Freundin zusammenzuwohnen, in eine Wohngemeinschaft zu ziehen, nicht zu heiraten oder gar alle Beziehungen zu Männern abzubrechen. Doch gerade dieser letzte einschneidende Schritt im Leben einer Frau ist noch sehr schwer zu vollziehen. Es wird zunehmend klarer, daß die Ehe nur dem Mann Vorteile bietet, für die Frau aber Unterdrückung, Ausbeutung, Isolierung bedeutet. Trotz der materiellen und psychischen Anpassungs- schwierigkeiten an ihr neues Leben »draußen« kann eine Frau bei einem Ausbruch aus Ehe und Familie nur gewinnen. Dabei kann ihr die Frauenbewegung geistige Heimat und Rückenstär- kung bieten. Immer wieder beobachten wir in den Frauengrup- pen, wie Frauen, unmittelbar nach ihrer Scheidung gedrückte, unsichere Schattenwesen, aufblühen, selbstsicherer werden, sich in ihrem Äußeren ebenso wandeln, wie aufhören, über ihren Mann zu sprechen und endlich über sich reden und an sich zu glauben beginnen. Der Einwand, daß es sich »nur« um individu- ellen Protest handle, gilt nicht. Denn die Summe des individuel- len Widerstandes ergibt kollektiven.

Die Frauenbewegung

Die Schaffung eines entsprechenden Klimas, das jenen individu- ellen Protest ermöglicht, ist Aufgabe der Frauenbewegung. Die Frauenbewegung fängt die Unzufriedenheit der Frauen auf und lenkt sie in einen gezielten politischen Kampf, der wiederum die Voraussetzungen für neuen individuellen Widerstand schafft. D. h. individueller Protest und kollektiver Widerstand bedingen einander gegenseitig. Frauenbewegung heißt nicht eine einzige große Organisation, die alle Frauen in sich aufsaugt, sondern ist Ausdruck eines Bewußtseins. »Feminismus wird da konkret, wo zwei, drei Frauen zusammen reden und handeln. Wo Frauen beginnen, zu fragen, statt zu gehorchen, zu kämpfen, statt hinzu- nehmen«[5]. Aufgabe der bereits in Frauengruppen organisierten Frauen ist es, überall dort Frauen solidarisch zu unterstützen, wo Frauenkampf betrieben wird.
Deshalb sind auch die politische Ausrichtung und die gewählte Kampfstrategie nicht immer einheitlich. Immer aber stehen die verschiedenen Gruppen in loser Verbindung miteinander. Im- mer wieder gibt es Aktionseinheiten, über alle Differenzen hin- weg. So findet etwa in Paris, wo es viele verschiedene Frauen- gruppen gibt, die zum Teil miteinander recht zerstritten sind, alljährlich eine große Frauendemonstration am 8. März, dem Internationalen Frauentag, statt, die von allen Gruppen gemein- sam organisiert wird. In Italien sammelten sich alle Kräfte der Frauenbewegung im Kampf um die Legalisierung der Abtrei- bung, der in zwei riesigen Demonstrationen von hunderttausen-

den Frauen seinen bisherigen Höhepunkt gefunden hat. Die meisten Länder, in denen es Frauengruppen in mehreren Städten und verschiedener politischer Ausrichtung gibt, organisieren nationale Kongresse, bei denen einerseits die Differenzen ausgetragen, andererseits ein Versuch der Vereinheitlichung der Bewegung unternommen wird. Das rapide Anwachsen der Zahl der Frauenbuchläden, Frauenkneipen, Frauenzeitschriften und Frauenbuchvertriebe, besonders in der BRD, ist ein Indiz für das immer stärker werdende Bedürfnis der Frauen nach Information, Kommunikation und einer nationalen Vereinheitlichung des Frauenkampfes.

Die internationale Dimension

Auch auf internationaler Ebene werden immer mehr Versuche unternommen, gemeinsame Strategien zu entwickeln und einen internationalen Informations- und Kommunikationsfluß aufzubauen. Frauengruppen gibt es bereits in allen westlichen Ländern. In einigen Ländern in der Dritten Welt sind sie im Entstehen. Je nach den jeweiligen historischen, kulturellen und wirtschaftlichen Bedingungen eines Landes entstehen die ersten Frauengruppen der Neuen Frauenbewegung zu einem anderen Zeitpunkt und setzen sich verschiedene Schwerpunkte und kurzfristige Ziele. Während in Europa und in den USA der Kampf um die freie Abtreibung geführt wird, müssen die Frauen in Südamerika gegen die »Zwangsfamilienplanung« kämpfen. Während in der BRD der Kampf um gleiche Bildungs- und Aufstiegschancen von großer politischer Bedeutung ist, hat sich in Italien, wo nur 20 % aller Frauen eine außerhäusliche Arbeit finden können, eine starke Bewegung für den Lohn für Hausarbeit entwickelt. Während in Spanien die Frauen noch um gesetzliche Reformen für die Gleichstellung der Frau kämpfen müssen, haben die Norwegerinnen und Engländerinnen erkannt, daß Reformen die reale Lage der Frauen nur beschränkt verändern können . . .

In Europa stehen die Stärke und politische Macht der Frauenbewegung im Zusammenhang einerseits mit dem Entwicklungsstand des Kapitalismus und dem damit verbundenen Emanzipationsgrad der Frau, andererseits mit dem Entwicklungsstand der Klassenkämpfe. Die Frauenbewegung ist teilweise aus der linken

Bewegung hervorgegangen und wirkt in sie zurück. Trotz aller Autonomie und den politischen Gegensätzen zwischen Frauenbewegung und Arbeiterbewegung besteht ein innerer Zusammenhang zwischen beiden. Diese Wechselbeziehung aufzuarbeiten und Strategien zu entwickeln, die das System als eine Verflechtung von Patriarchat und Kapitalismus direkt angreifen, ist eine der Aufgaben der Frauenbewegung in den nächsten Jahren. Denn »daß die Geschichte der Frauen die längste und verborgenste Unterdrückungsgeschichte der Menschheit ist, hat uns zweifeln gelehrt an einem Kampf gegen Unterdrückung, der nicht Kampf gegen alle Unterdrückung ist«[6].

Die Strategie einer Strömung der italienischen Frauenbewegung – die Forderung nach einem Lohn für Hausarbeit – ist ein erster Versuch, auf der Grundlage einer marxistischen Analyse der Funktion der Hausarbeit für den kapitalistischen Staat, eine autonome Frauenstrategie gegen den Kapitalismus zu entwickkeln. Allerdings ist der Absolutheitsanspruch, den die Vertreterinnen dieser Richtung stellen, aufgrund der unterschiedlichen ökonomischen Bedingungen in den verschiedenen Ländern nicht einlösbar und stößt in weiten Teilen der Frauenbewegung auf heftige Ablehnung.

In unserem Kampf müssen wir die internationale Dimension unserer Bewegung ausnützen. Die internationalen Kontakte verbessern sich von Jahr zu Jahr. Als die portugiesische Frauenbewegung MLM 1974 gegründet wurde, erhielt sie aus aller Welt Glückwunschtelegramme. Sie steht heute in besonders gutem Kontakt zu französischen Frauengruppen. Die Prozesse von Ines Garcia und Joan Little etwa, die sich in den USA gegen ihre Vergewaltiger zur Wehr gesetzt hatten, wurden durch Solidaritätsdemonstrationen und Berichte in der internationalen feministischen Presse unterstützt. Den Auftakt zum Erstarken dieses internationalen Bewußtseins bildete der 1. Internationale Frauenkongreß im November 1974 in Frankfurt. Doch schon einige Jahre vorher war mit der Einrichtung einer internationalen Woche beim alljährlichen Frauenlager in Femø/Dänemark begonnen worden. Beim Frankfurter Frauenkongreß wurde die Durchführung des Internationalen Tribunals »Gewalt gegen Frauen« beschlossen. Das Tribunal war der erste Versuch, die internationale Dimension der Frauenunterdrückung über die Medien zu verbreiten. Der Versuch gelang, trotz organisatorischer Mängel und einer Menge Konflikte. Das Tribunal war ein Beispiel dafür, wie mit geringen finanziellen Mitteln und viel persönlichem Einsatz ein großes internationales Projekt zustande kommen kann. Aber auch ein Beispiel dafür, wie internationale Frauensolidarität und die Brisanz des gemeinsamen Zieles politische und persönliche Uneinigkeit zwar nicht ausschalten, aber doch überwinden können. Beim Tribunal stellte sich ein Internationaler Frauen-Informations- und Kommunikationsdienst (ISIS) vor, der seither regelmäßig Bulletins an Abonnentinnen und Frauengruppen in aller Welt verschickt. Auch in den USA und in England gibt es schon seit einiger Zeit Informationsblätter, die Frauennachrichten sammeln, übersetzen und weltweit verbreiten. In Planung sind gegenwärtig ein Kongreß über Frauenmißhandlung in Hamburg und ein Kongreß zum Thema ›Frauenkampf und Klassenkampf‹ in Paris.

Wie organisieren wir uns?

Die Frauenbewegung stellt eine revolutionäre Kraft dar.
Diese lebt in: – neuen Lebensformen
             – neuen Kommunikationsformen
             – neuen Beziehungsformen
             – neuen politischen Organisationsformen
             – neuen Formen des Gebrauchs von Macht[7].
Auf der Suche nach neuen Denkstrukturen und Lebensformen finden wir unsere Kreativität wieder, entdecken wir unsere verschüttete oder noch nicht vorhandene Frauenkultur. Unsere Angst, die auf der Möglichkeit der Gewaltanwendung gegen uns beruht, muß durch unsere Offensive aufgebrochen werden[8].
Praktizierte Formen des Widerstandes sind:
– Organisierter Widerstand in den Frauenzentren aller Länder
– Beratungsstellen für Frauen in medizinischen und rechtlichen Fragen
– Selbsthilfe in verschiedenen Bereichen: Abtreibungskliniken, Selbstuntersuchung, Hebammenbewegung, Prostituiertenbewegung (z. B. Coyote[9]), Frauenhäuser für mißhandelte Frauen, Telefondienste und Krisenzentren für Vergewaltigungsopfer
– Kampagnen und Demonstrationen zur Durchsetzung von konkreten Forderungen (z. B. freie und kostenlose Abtreibung, gleicher Lohn für gleiche Arbeit, Abschaffung der mäd-

chen-spezifischen Schulausbildung) und zur Schaffung eines allgemeinen Problembewußtseins (z. B. Kampagnen gegen Vergewaltigung, Frauenmißhandlung, sexistische Medien usw.)
- Selbsterfahrungsgruppen
- Ansätze feministischer Therapie
- Feministische Forschung und Wissenschaft: Uni-Seminare und Lehrgänge zur Frauenfrage, Aufarbeitung sämtlicher wissenschaftlicher Bereiche aus feministischer Sicht, insbesondere Geschichte, Literatur, Kunst und Psychiatrie
- Feministische Kultur und Gegeninformation: Frauenliteratur, -malerei und -musik, Frauentheater, Frauenkneipen, -buchläden, -zeitschriften, Frauenbuchvertriebe usw.
- Frauenkampf in Gewerkschaften und politischen Parteien
- Frauenkampf in staatlichen und privaten Institutionen und Unternehmen
- Fabrikbesetzungen, Frauenstreiks
- Häuserbesetzungen, Mietenstreiks
- Kampf um Lohn für Hausarbeit
- Internationaler Protest bei Folterungen von Frauen, politischen Prozessen gegen Frauen, Abtreibungs- und Vergewaltigungsprozessen
- Ausnutzung internationaler Kontakte: Kontakte zu Frauen in den Institutionen, internationale Kongresse, internationales Kommunikationsnetz.

Angelpunkte der Frauenbewegung sind in allen Ländern die Frauenzentren, wo sich die Frauen regelmäßig treffen, wo Kontakte aufgenommen und Vollversammlungen abgehalten werden. Weitere Kontaktzentren sind Frauenbuchläden, Frauenkneipen, Frauenwohngemeinschaften. Immer wieder werden Feste gefeiert, mit viel Zärtlichkeit und Phantasie. Feste waren in der Neuen Frauenbewegung von Anfang an ein wichtiger Bestandteil der politischen Tätigkeit. Die Frauen haben dem sturen Polit-Ernst den Kampf angesagt. Das zeigt sich auch in den Demonstrationsformen, bei denen der Tanz, das Theater, die Pantomime eine wichtige Rolle spielen. Wir führen einen zähen und langen Kampf gegen eine gut durchorganisierte und gewalttätig regierende Männerwelt. Doch während wir kämpfen, wollen wir auch leben, fröhlich und glücklich sein. Ja, die Art, wie wir leben, der Versuch, trotzdem glücklich zu sein, ist Teil unseres Kampfes.

Das, was bislang den Frauen verwehrt und als unweiblich verpönt war, darf in der Frauenbewegung endlich gezeigt werden: Aggressivität, Kampfgeist, Intellektualität und Rationalität. Das, was bisher als weiblich und daher verachtenswert galt, wird in der Frauenbewegung aufgewertet und darf und soll ausgelebt werden. In Italien wurde die uns Frauen so verhaßte Farbe Rosa zu einem provokanten Symbol des Frauenkampfes. Mit rosa Schrift schrieben römische Feministinnen »Rosaria Lopez, wir werden dich rächen«[10]. Gefühle wurden uns Frauen immer zugestanden – Gefühle, Gebären und schwere Arbeit. Unsere Gefühle waren ein Hebel unserer Unterdrückung. In der Frauenbewegung werden unsere Gefühle und unser Körper zur Stärke, zu einer rosaroten Kampfansage gegen die Männergesellschaft. In der in der Frauenbewegung gelernten Verbindung von Selbstbehauptung und Zärtlichkeit, von Rationalität und Emotionalität liegt die Vernunft des Neuen Menschen. Bis jetzt durften wir nur unseren Kindern und Männern Gefühle entgegenbringen, in der Frauenbewegung lernen wir, auch uns selbst und andere Frauen zu lieben. Wir gewöhnen uns ab, andere Frauen als Konkurrentinnen oder aber mit Männerblicken zu betrachten. Und wir lernen, klar Stellung zu beziehen, einander zu kritisieren, manchmal auch zu bekämpfen. Wir lernen, unsere anerzogene Kompromißbereitschaft aufzugeben, wir hören auf, immer nur anderen Mitgefühl zu geben. Wir lernen, an uns selbst zu glauben, an unsere Stärke und unsere Fähigkeiten. All das ist neu und aufregend und greift tief ein in unser Leben. Vom Feminismus geprägt, sind wir nie mehr wie früher.

Um all das zu lernen, können wir keine zentralistische und hierarchische Organisationsform tolerieren. In kleinen Gruppen überwinden wir am leichtesten unsere Hemmungen. In Selbsterfahrungsgruppen gehen wir von dem aus, was uns am nächsten liegt, uns am stärksten bedrückt: unsere »private« Situation, unsere Konflikte mit dem Freund, dem Ehemann, der Familie. In der Auseinandersetzung mit anderen Frauen erfahren wir, daß wir nicht alleine sind mit unseren Problemen, erfahren wir ein Gefühl der Zusammengehörigkeit. Wir erkennen, daß unsere Probleme politisch und gesellschaftlich sind. Und deshalb veränderbar. An der Privatheit, dem engen Horizont unserer Frauenexistenz, setzen wir an und entwickeln daraus Kampfformen.

Oft ergibt sich eine politische Arbeit fast wie zufällig. Oft macht sich Entmutigung breit, fallen wir zurück in unsere Passivität.

Doch ein kleiner Funke genügt, um den Widerstand anzufachen. Die Bewegung ist schwer überblickbar und schwer erfaßbar, aber trotzdem, oder gerade deshalb, sehr subversiv. Die Unzufriedenheit der Frauen schwelt unter der Oberfläche. Es genügt ein kleiner Hinweis, eine kurze Pressemeldung über eine gelungene Frauenaktion irgendwo, um an Orten, wo man es nie für möglich gehalten hätte, neue Frauengruppen entstehen zu lassen.

Diese lose Organisationsform ist die Stärke, aber auch die Schwäche der Frauenbewegung. Mit der Verschärfung der Gewalt gegen Frauen, ihrer zunehmenden ökonomischen Ausbeutung und der im Zuge des Verfalls des kapitalistischen Systems anwachsenden Reaktion tritt die Frauenbewegung in eine neue politische Phase. Der Zeit der Selbstfindung – für die Frauenbewegung als ganzes und für jede einzelne Frau von großer Bedeutung – sollte eine Phase der Stärkung und inneren Festigung folgen. Die Frauen verfügen potentiell über eine große Macht. Wie müssen wir uns organisieren, ohne die von der Frauenbewegung erarbeiteten neuen Strukturen aufzugeben, damit diese Macht gesellschaftlich wirksam werden kann? Das sind Fragen, die in den einzelnen Ländern, aber auch auf internationaler Ebene überdacht und diskutiert werden müssen.

Anmerkungen

Gewalt in der Familie

1 Pizzey, Erin, *Schrei leise*, Mißhandlungen in der Familie, Stuttgart 1976, S. 31

2 *Frauenzeitung* Nr. 2, Frauenzentrum Hamburg, Juli 76

3 Gayford, J. J., »Wife Battering: a preliminary survey of 100 cases.« *British Medical Journal* Nr. 5951, Bd. 1, 1975

4 Marsden, Dennis und David Owens, »The Jeckyll and Hyde Marriages«, in: *New Society*, 8. 5. 1975

5 aus: *Battered Women and the Law*, Januar 1975

6 Shearer, Lloyd, »Ingeborg Dedichen: She was the Great Love of Aristotle Onassis«, in *Parade* 4–5, zit. bei: Murray A. Straus, »Sexual Inequality, Cultural Norms, and Wife Beating«, in: *Victimology*, Bd. 1, Nr. 1, Washington D. C. 1976

7 Janssen-Jurreit, Marielouise, *Seximus*, München–Wien 1976

8 Stark, Rodney und James McEvoy, »Middle Class Violence«, *Psychology Today* 4, 1970, zit. bei: Murray A. Straus, a. a. O.

9 ebd. Es handelt sich um ein unveröffentlichtes Experiment von Churchill und Straus.

10 erwähnt bei Straus a. a. O.

11 Pizzey, Erin, a. a. O., S. 128

12 ebd, S. 188

13 Vgl. Straus, a. a. O.

14 Vgl. Straus, a. a. O.

15 Vgl. Bleul, Hans Peter, *Kinder in Deutschland*, München 1971

16 ebd.

17 Mende, Ursula und Heidi Kirsch, in: Bleul, a. a. O.

18 Wolff, Reinhart (Hrsg.) *Gewalt gegen Kinder. Kindesmißhandlungen und ihre Ursachen.* Reinbek bei Hamburg 1975, S. 121

Vergewaltigung

1 Medea, Andra and Thomson, Kathleen, *Against Rape*, A Survival Manual for Women, New York, 1974 (Zitat Übersetzung der Autorinnen), S. 49

2 Bergeal, Dominique, aus: *Libération* vom 19. Juli 1976

3 Wade Offir, Carole, in *Psychologie heute*, April 1975 S. 63

4 Zeugenaussage aus: *Le Livre de l'oppression des femmes*, Paris 1972

5 *Kurier*, 28. September 1976

6 a. a. O.

7 Rasch, W., »Gruppennotzuchtdelikte Jugendlicher und Heranwachsender«. In: *Beiträge zur Sexualforschung*, Heft 43, Stuttgart 1968, S. 65–112, zit. nach Butzmühlen, Rolf, *Vergewaltigung*, Bielefeld 1975

8 Vgl. Amir Menachim, *Patterns of Forcible Rape*, Chicago 1971

9 Vgl. Butzmühlen, a. a. O.

10 Millett, Kate, *Sexus und Herrschaft*, München 1974, S. 256

11 Duhm, Dieter, *Angst im Kapitalismus*, Hagen 1972, S. 110

12 a. a. O.

13 Vgl. Kinsey, A. u. a., *Das sexuelle Verhalten der Frau*, Berlin und Frankfurt/Main, 1967

14 Mead, M., *Jugend und Sexualität in primitiven Gesellschaften*. Bd. 3: *Geschlecht und Temperament in drei primitiven Gesellschaften*, München 1974, zit. nach Butzmühlen a. a. O.

15 Butzmühlen, a. a. O. Seite 34

16 Vgl. Butzmühlen, a. a. O.

17 Büchner, Barbara, *Arbeiter-Zeitung*, 8. Nov. 1975

18 a. a. O.

19 *konkret* vom 27. 11. 1975, S. 53

20 a. a. O.

21 Vgl. Amir, M. a. a. O.

22 James Selkin, »Die Angst vor Vergewaltigung«, in: *Psychologie heute*, April 1975

23 *Kurier*, 7. 11. 1975

24 Brownmiller, Susan, *Against Our Will, Men, Women and Rape*, New York 1975

25 Vgl. James Selkin, a. a. O.

26 Vgl. Amir, M. a. a. O.

27 Vgl. Amir, M. a. a. O.

28 Weis, Kurt und Weis Sandra, »Victimology and the Justification of Rape«, in: Drapkin, Israel (Hrsg.): *Victimology* A New Focus, Bd. 5, 1975

29 Medea, Andra and Thomson, Kathleen, a. a. O., S. 16

30 *stern* Nr. 17, 1976

31 a. a. O.

32 a. a. O.

33 Vgl. Leslie Sebba und Sorel Cahan, Sex Offenses: »The Genuine and the Doubted Victim«, in: *Victimology*, a. a. O.

34 Vgl. Susan Brownmiller, a. a. O.

35 Vgl. Leslie Sebba and Sorel Cahan, a. a. O.

36 Chesler, Phillis, *Frauen – das verrückte Geschlecht?* Reinbek/Hamburg 1974, S. 283

37 Vgl. James Selkin, »Die Angst vor Vergewaltigung«, in *Psychologie heute*, April 1975

38 Chesler, Phillis, a. a. O., S. 282

Gewalttätige Medizin

1 *Corriere della Sera*, 4. 2. 1976
2 Zitiert aus: *The Humanist*, März/April 1975
3 IMAS – Institut für Markt- und Sozialanalysen, »Die Meinung über die Fristenlösung«, Linz 1974
4 Vgl. *The Humanist*, März/April 1975
5 Zitiert aus: *Corriere della Sera*, 19. 8. 1976
6 (entfällt)
7 Aus: *L'Alternative: libérez nos corps ou libérer l'avortement*, Paris 1973
8 9 Zitiert nach: *Jasmin*, 30. 11. 1973. Alle folgenden Informationen zur Menstruation folgen dem *Jasmin*-Artikel »Frauen – zum Leiden erzogen« vom 30. 11. 1973
10 Zitiert nach: *Jasmin*, a. a. O.
11 Barbara Ehrenreich, Deidre English, *Hexen, Hebammen und Krankenschwestern*, München 1975
12 Ebenda, S. 13
13 Ebenda, S. 13
14 Ebenda, S. 20
15 Ebenda, S. 26
16 Barbara Ehrenreich, Deidre English, *Complaints and Disorders*, The Sexual Politics of Sickness, London 1974. Inzwischen deutsch erschienen im Verlag Frauenoffensive unter dem Titel *Zur Krankheit gezwungen*, München 1976
17 Vgl. a. a. O. S. 33
18 Zitiert nach: a. a. O. S. 34
19 Ebenda, S. 41
20 Ebenda, S. 43
21 Aus: *Neues Forum*, April 1975
22 Eva Dité, aus: *AUF* – Eine Frauenzeitschrift, Nr. 5, Wien 1975
23 Vgl. *stern*, 5. 8. 1976
24 Vgl. Barbara Ehrenreich, Deidre English, Hexen, S. 64
25 Frederick Leboyer, *Der sanfte Weg ins Leben*, Geburt ohne Gewalt, München 1974
26 Zitiert aus: Adrienne Rich, *The Theft of Childbirth*, The New York Review, 2. 10. 1975
27 Zitiert aus: a. a. O.
28 B. Ehrenreich, D. English, Hexen . . ., S. 75
29 Suzanne Arms, *Immaculate Deception: A New Look at Women and Childbirth in America*, San Francisco
30 Zitiert aus: Adrienne Rich, a. a. O.

Frauen wehren sich: Selbsthilfe

1 *Frauenhandbuch Nr. 1*, Berlin 1974, S. 142
2 Die Radikale Partei (Partito Radicale = PR) versteht sich als Bürgerrechtspartei und hat sich vor allem der Probleme der Scheidung und Abtreibung angenommen. Ihr nahe steht die MLD (Movimento di liberazione della donna – Frauenbefreiungsbewegung), von der sich allerdings viele Frauengruppen abzugrenzen versuchen, weil sie, wie auch die PR, einen reformistischen Standpunkt vertritt.
3 Vgl. *stern* Nr. 37, 2. 9. 1976
4 Zitiert aus ebenda
5 Vgl. *Die Internationale* Nr. 21, August 1976
6 Vgl. ebenda

Frauen gemeinsam sind stark

1 Alice Schwarzer, Vorwort zu Phillis Chesler, *Frauen – das verrückte Geschlecht*, Reinbek bei Hamburg 1974
2 *Spiegel*, 2. 6. 1975
3 Vgl. ebenda
4 *Kronenzeitung*, 27. 10. 1975
5 Alice Schwarzer, *Der »kleine Unterschied« und seine großen Folgen*, Frankfurt am Main 1975
6 Ursula Krechel, *Selbsterfahrung und Fremdbestimmung*, Darmstadt 1975, S. 36
7 Manifest, ausgearbeitet am Brüsseler Tribunal von der Arbeitsgruppe »Ergebnisse des Tribunals«
8 ebenda
9 Amerikanische Organisation der Prostituierten, steht für »call off your old tired ethics« – Schluß mit den überkommenen Moralvorstellungen. Kämpft für die Entkriminalisierung der Prostitution.
10 Rosaria Lopez wurde zusammen mit ihrer Freundin Donatella Colasanti im Sommer 1976 in der Nähe von Rom von drei Männern vergewaltigt. Rosaria wurde anschließend ermordet, Donatella blieb nur durch Zufall am Leben, weil sie sich tot gestellt hatte.

Adressen

Frauenhäuser

in der BRD:

Frauenhaus Berlin, Postfach 310622, 1000 Berlin 31, Tel. 8263018

Frauenhaus Bremen, »Frauen helfen Frauen« (gemeinnütziger Verein), 2800 Bremen, Tel. 446826

Frauenhaus Köln, Frauen helfen Frauen e. V., Postfach 850334, 5000 Köln 80, Tel. 687963

in Großbritannien:

Chiswick Women's Aid, 369 Chiswick High Road, London W 4, Tel. 00441/9952082

National Women's Aid Federation, 51 Chalcot Road, London NW 1, Tel. 00441/5860104

in den Niederlanden:

»Blijf van m'n Lij«, Postbus 4214, Amsterdam, Tel. 003120/942758

in Österreich:

Aktion Unabhängiger Frauen (AUF), Tendlergasse 6/1–2, 1090 Wien, Österreich, Tel. 0043222/438695

Frauenhausinitiativen

Bielefeld »Selbsthilfe«, Jöllenbecker Str. 104, 4800 Bielefeld, Tel. 0521/177137

Bochum Frauenladen/Frauengruppe, Schmidtstr. 12, 4630 Bochum

Bonn Heidrun Botzenhardt, Latzstr. 14, 5308 Meckenheim, Tel. 02225/2937

Bremen Agathe Grosse-Macke, Schierkerstr. 12, 2800 Bremen

Dortmund Frauenaktion, Junggesellenstr. 16, 4600 Dortmund 1, Tel. 0231/574040

Giessen Robin Snaye, Andreasteich 13, 6300 Gießen/Kr. Linden

Frankfurt Frauenzentrum, Eckenheimer Landstr. 72, 6000 Frankfurt, Tel. 0611/596218

Hamburg Sybille Brockstedt, Eichenstr. 52, 2000 Hamburg 19, Tel. 040/407640

Heidelberg/Mannheim Gabi Weber, Richard-Wagner-Str. 5, 6830 Schwetzingen Tel. 06202/5334

oder Frauenzentrum, Riedfeldstr. 24, 6800 Mannheim

Kassel Frauenzentrum, Goethestr. 63, 3500 Kassel

Ingolstadt Hannelore Breiter, Hanstr. 15, 8070 Ingolstadt

München Frauenzentrum, Gabelsbergerstr. 66, 8000 München 40, Tel. 089/528311

Nürnberg/Erlangen Elfi Geinitz, An der Point 20, 8458 Sulzbach-Rosenberg, Tel. 09661/4570

Wiesbaden Frauenzentrum und Verband Alleinstehender Mütter e. V., Adlerstr. 7, 6200 Wiesbaden, Tel. 06121/306699 oder 420080

Deutschsprachige feministische Zeitschriften

AUF – Eine Frauenzeitschrift, Aktion Unabhängiger Frauen (AUF), Tendler-gasse 6/1–2; A-1090 Wien, Vierteljahresschrift

Clio, Periodische Zeitschrift zur Selbsthilfe, Feministisches Gesundheitszentrum Berlin, Postfach 360368, 1 Berlin 36

Der Feminist, Beiträge zur Theorie und Praxis, Christrosenweg 5, 800 München 70

Die schwarze Botin, Frauenhefte, Geibelstraße 4, 1000 Berlin 45; Vierteljahresschrift

Courage, Berliner Frauenzeitung, Bleibtreustraße 48; 1000 Berlin 12, erscheint monatlich

efa emanzipation – frauen – argumente, c/o Brita Rösler, Heinsbergstr. 17, 5 Köln 1; erscheint vierteljährlich

Emma, Zeitschrift von Frauen für Frauen, Kolpingplatz 1a, 5 Köln 1; erscheint monatlich

Fischgebrüll, c/o Waltraud Schade, Schleidenstraße 26, 6 Frankfurt/Main

Frauenforum, Adelzreiterstraße 27, 8 München 2

Frauenzeitung – Zeitung der autonomen feministischen Frauengruppen; die Redaktion wechselt von Stadt zu Stadt.

Frauenzeitung des Frauenzentrums Hamburg, Langenfelderstraße 64d; 2 Hamburg 50, erscheint monatlich

Fraue-Zitig, Zeitung der autonomen Frauenbefreiungsbewegung (FBB) Zürich, Lavaterstraße 4, CH 8002 Zürich

Hexenpresse – Zeitschrift für feministische Agitation, Postfach 464, CH–4002 Basel

»IFF«, feministisches Info, Jägerstraße 7, 3583 Wabern-Uttershausen

Journal Frauenoffensive, Verlag Frauenoffensive, Josephburgerstraße 16, 8 München 80

Lesbenfront, Zeitschrift der homosexuellen Frauengruppe Zürich, Lavaterstraße 4, CH 8002 Zürich

Lesbenpresse, Lesbisches Aktionszentrum Westberlin, Kulmerstraße 20a, 1 Berlin 30

Mamas Pfirsiche, Verlag Frauenpolitik 44 Münster

Protokolle, Informationsdienst für Frauen, Verlag Frauenpolitik, 44 Münster

UKZ – Unsere kleine Zeitung der Gruppe L'74 in Berlin (erste Zeitung homosexueller Frauen), c/o Käthe Kuse, Cesiusstraße 31, 1 Berlin 45

Internationale Informationsblätter

ISIS – Womens's International Information and Communication Service, Case Postale 301, 1227 Carouge, Schweiz

News from Women's Liberation, 20 b Batoum Gardens, London N.W. 6

WIN Women's International Network, 187 Grant Street, Lexington, Mass. 02173

Ursula Linnhoff

Die Neue Frauenbewegung

USA–Europa seit 1968
Mit Anschriftenver-
zeichnis der organisierten
Frauengruppen in USA
und den westlichen Län-
dern.
160 Seiten
pocket 51
Alte Denkkategorien und
tradierte Rollenzuweisun-
gen sollen aufgegeben
werden. Welche Wege
dabei von den einzelnen
organisierten Gruppen der
Neuen Frauenbewegung
in den USA und den Län-
dern Westeuropas gesucht
werden, was ihr theoreti-
scher Anspruch, welches
ihre Praxis ist, wird in
diesem Buch durch Zeug-
nisse von Gruppen und
Beiträgen einzelner
Gruppenmitglieder
dokumentiert.

Weibliche Homosexualität

zwischen Anpassung und
Emanzipation
Im Anhang: Adressen von
Gruppen homosexueller
Frauen.
144 Seiten
pocket 70
Warum ist weibliche
Homosexualität noch
immer ein Tabu unserer
Gesellschaft? Inwieweit
haben dazu die verschie-
denen wissenschaftlichen
Lehrmeinungen beige-
tragen – inwieweit die
Einstellungen der homo-
sexuellen Frauen selbst?
In Zusammenarbeit mit
den Betroffenen geht die
Autorin vor allem diesen
Fragen nach.

k&w
Verlag Kiepenheuer & Witsch

Sigrid Brunk

Der Besiegte
Roman
244 Seiten
Leinen
Das Psychogramm eines
Mannes, der die Bilanz
seines Lebens zieht.
Ein Mann, Ingenieur,
Mitte vierzig, verheiratet,
muß sich eingestehen, daß
sein Leben stillsteht und
langsam in den Prozeß
einer inneren Auflösung
gerät. Die Unsicherheit
eines nicht bewältigten
Lebens, mit der ihn zu
Hause seine von Ängsten
verfolgte Frau konfron-
tiert, holt ihn ein und
überwuchert seine
Fantasie. Ein Abend im
Büro wird zur Bilanz
seines Lebens.

Das Nest
Roman
214 Seiten
Leinen
Sigrid Brunk zeigt einen
Ausschnitt aus dem Leben
einer 72jährigen Frau
und entdeckt dabei ein von
der Literatur bisher kaum
beachtetes Gebiet.
„Da ist manches, was
man so genau, so ’wahr’
noch nicht gelesen hat.
Die stille Geschichte der
alten Frau wächst über
die gründliche Sozial-
studie hinaus zur Parabel
für menschliches Leben
und Sterben."
Maria Frisè, FAZ

k&w
Verlag Kiepenheuer & Witsch

Tagesmütter – Tageskinder

Das Buch wendet sich an Eltern, die ihre Kinder tagsüber
unterbringen wollen, aber auch an Frauen, die bereits Tagesmütter sind oder es werden wollen. Anders als die bisher
geführte Diskussion geht das Buch von den praktischen
Erfahrungen aus, die Eltern und Tagesmütter mit dieser Be-
treuungsform gemacht haben. Außer einem Überblick
über die wissenschaftlichen Grundlagen zur Beurteilung des
Tagesmütter-Modells gibt das Buch praktische Ratschläge für
die Gründung von Tagesmütter-Initiativen sowie für die
Gestaltung der konkreten Arbeit von Eltern und
Tagesmüttern.

Gabriele Deutsch-Heil
Carsten P. Malchow
**Tagesmütter –
Tageskinder**
Theorie und praktische Erfahrungen
Im Anhang: Kontaktadressen

Verlag Kiepenheuer & Witsch